Ernst Meurin

Herzhaft lacht man in Westfalen

Dönekes
und heitere Geschichten,
aus der
„guten, alten Zeit"
von Originalen,
Käuzen und Schelmen
aus Westfalen.
Vorwort
Rainer Schepper

Lachendes Westfalenland Band I

Güth + Etscheidt, Wiedenbrück

CIP-Kurztitel
Meurin, Ernst
Herzhaft lacht man in Westfalen
Möppkenbraut und andere Dönekes
Illustriert von Rudolf Führmann
1. Auflage, Wiedenbrück, Güth + Etscheidt
1983
ISBN 3-922828-01-9

1. Aufl. 1983

Gesamtherstellung: Rehling + Schoppengerd,
Graphischer Betrieb
Printed in Germany

Vorwort

Wenn ich gebeten werde, zur Neuauflage der Dönekes und heiteren Geschichten von Ernst Meurin ein kleines Vorwort zu schreiben, so kann ich zunächst nichts Besseres tun, als des Autors eigene Worte aus dem Jahre 1952 noch einmal in Erinnerung zu rufen.
Damals schrieb Ernst Meurin u. a:
„Dieses Buch ist eine Anekdotensammlung, die unter dem Titel ‚Die lachende Heimat' zwischen den beiden Weltkriegen viele Freunde gefunden hat. Es ist nicht für Ästheten und Literaten bestimmt, sondern für kernechte Westfalen, die an derbe Kost gewohnt sind und die Stunden fröhlichen Beisammenseins im Freundeskreis wie in der Familie gern durch heimatliche Schnurren und Anekdoten würzen . . . "

Das ist Ernst Meurin, ganz wie er war, und wie ich ihn in Erinnerung habe von unserer persönlichen Begegnung her in seinem Haus in Langenberg, wo wir einen heiteren, feuchtfröhlichen Abend zusammen verlebten, dem erst das frühe Morgendämmern ein Ende setzen konnte. Ernst Meurin, der über viele Jahrzehnte hin in der „Glocke" seine beliebten Plaudereien schrieb, lebte und fühlte mit den Leuten hierzulande. Er war sicher kein Literat und wollte keiner sein. Was er niederschrieb, war ungebrochen und unverändert dem Leben entnommen, wurde einfach und originalgetreu festgehalten und höchstens mit ein paar Schnörkeln und Umschweifen ausgestattet, aber ohne ästhetische Filterung zu Papier gebracht. Mit einem Wort: er hat dem Volke aufs Maul geschaut.

Das auf diese Weise von ihm zusammengetragene Material hat er absichtlich ungehobelt und unbehauen und – wenn es sein mußte – grob überliefert. Aber auch der unbehauene Marmor hat seinen Wert. Das weiß besonders unsere Zeit, die das Versinken volkstümlicher Überlieferungen bedauert und von ihr zu retten und zu bewahren sucht, was noch erreichbar ist.

Ernst Meurins Buch vermittelt ein lebendiges, unverfälschtes Bild des heiteren Westfalen, der dem grauen Alltag die fröhlichen Seiten abzugewinnen versteht, es plaudert aus einer Zeit und in einer Zeit, in der man noch erzählfreudiger war, in der noch nicht das alles gleichschaltende Fernsehen die Abendunterhaltung beherrschte. Damals traf man sich lieber an der Theke oder am Stammtisch oder bei Freunden in der Nachbarschaft und ließ der Phantasie, der Freude am Ulk und an derben Späßen freien Lauf.

Wenn Ernst Meurins Sammlung nunmehr nach dreißig Jahren wieder neue Freunde in Westfalen sucht, so sei ihr dabei viel Glück und Erfolg gewünscht.

Oktober 1982 Rainer Schepper

Möppkenbraut

Als der Heimatverein für die Stadt Wiedenbrück und das Amt Reckenberg sein vierzigjähriges Bestehen feierte, sang Tönne Vormann zur Laute die berühmte Ballade an das Möppkenbrot, und alle Zuhörer sangen begeistert mit. Wenn im Münsterlande geschlachtet wird, so wird auch Möppkenbrot in großen Mengen gekocht und wochenlang als Frühstück gegessen. Gewiß, es gibt Leute mit schlechtem Magen, die es nicht vertragen können, und andere mit Leckerzungen, die es nicht mögen. Aber dafür sind wieder andere so versessen darauf, daß sie es auch im Sommer nicht vermissen wollen und bei jedem Schlachtefest einige Dosen voll Möppkenbrot einkochen.

Auch Tante Anna kocht es ein. Als sie das letzte Schwein verwurstete, sagte sie: „Wi häfft erst achtein Dausen Möppkenbraut; wenn wi nao säß inkuocket, häfft wi jüst twee Dutzend!“ Und so wurde es denn auch gemacht. Aber als die sechs Dosen fix und fertig nebeneinander im Einkochkessel standen, kam Onkel Franz und erzählte die letzten Neuigkeiten.

Wer Onkel Franz kennt, weiß auch, daß er fabelhaft erzählen kann. Als er schon eine ganze Stunde zugange war, hatte er gerade das Erlebnis von vier Männern zu berichten, die in der Nähe Namenstag gefeiert hatten und dann auf einem Richtwege nach Hause wollten. Sie mußten über einen schmalen Bachlauf springen, und dabei verlor Onkel Therro seinen Spazierstock, ein kostbares Geschenk seines Großvaters.

Er suchte emsig in dem morastigen Bach und fand das Erbstück auch wieder, aber — die Krücke fehlte, die wundervolle, aus einem Stück geschnitzte Hornkrücke! Na, da half nun nichts, da mußten alle mithelfen. Vier Männer, die alle nicht mehr fest auf den Beinen waren, suchten nun, als wenn es sich um einen Goldklumpen oder ein Aktienpaket handelte. Aber je öfter sie über den Bach sprangen oder im Morast wühlten, desto geringer wurden die Aussichten, den Stockgriff zu finden.

Sämtliche Zündhölzer waren bereits verbrannt, da saß der lange Fännand fest im Dreck und konnte nicht mehr hoch. Onkel Therro reichte ihm seinen Stock, um den Verunglückten herauszuziehen. Da rief Fännand empört: „Dao is de aolle Krücke je! Dreih den Stock es üm, dann häste den Griff in de Hand. Dao hört doch alles up! Wi äöset hier in de Schiete harüm un makt us de Büxen schmierig bis an de Knaie, bloß wiel düsse Mann den Stock vökatt in de Hand hät un met den Griff nao unnen dür de Giegend löpp.“

Alle lachten, aber mitten in das fröhliche Gelächter dröhnten zwei Kanonenschüsse, daß der Verputz von der Decke fiel. „Wat was dat?“ fragte Onkel Franz ratlos, aber da ballerten schon wieder zwei Schüsse, und diesmal regnete es Schokolade. „Mein Gott, use Möppkenbraut!“ rief die Hausfrau und lief zum Küchenherd. In diesem Moment fielen der fünfte und der sechste Schuß, und alles war braun.

Tatsächlich, es war lauter Möppkenbrot. Zwölf Pfund Möppkenbrot waren gegen die Wände und die Zimmerdecke geschleudert und kleckerten nun behende auf die ganze Familie und Onkel Franz herunter. Während der lustigen Unterhaltung war das

Andere Würste, andere Sitten

Wenn man auf Reise geht, muß man natürlich etwas mitbringen für diejenigen, die unterdessen zu Hause Trübsal geblasen haben. Als Onkel Heinrich im Sommer mit dem Norddeutschen Lloyd durch die Ostsee fuhr, brachte er für seine beiden Jungen aus Stockholm einen Spazierstock mit. Natürlich für jeden einen! Schön waren die Stöcke nicht, sie hatten auch nicht viele Devisen gekostet, aber der Fritz tröstete sich damit: „Es ist wenigstens ein Stock aus Stockholm!“ Und der ältere Karl meinte: „Immer noch besser, als wenn er uns ein Andenken aus Pforzheim mitgebracht hätte.“

Was soll man aber dazu sagen, wenn ein Mann aus Gütersloh in die Fremde fährt und ausgerechnet Wurst mitbringt. Dieses Verbrechen am gesunden Lokalpatriotismus hat Onkel Eduard begangen, und er ist dafür bestraft worden. In einem kleinen Nest Thüringens kaufte er eine Salamiwurst mit Knoblauch und erzählte dem Metzger, die Gütersloher Wurstkönige täten nicht genug Knoblauch hinein. Der Thüringer Wurstmaxe versicherte ihm, daß seine Wurst den höchsten Ansprüchen genüge.

Und das stimmte wahrhaftig! Als Eduard zu Hause die Wurst anschnitt, da wurde seine Frau schon vom Geruch satt. Die Kinder schnupperten etwas und wurden blaß. Niemand wollte dieses konzentrierte Knoblauchprodukt probieren, selbst Onkel Eduard kam nicht über die Riechprobe hinweg. In einem Anfall von Großmut schenkte er die Wurst dem Knecht, aber der verzichtete ebenfalls. So bekam sie schließlich der Hund.

Der Hund hieß Moses und hätte schon deshalb eine Vorliebe für Knoblauch haben müssen. Aber er kniff den Schwanz ein und schlich um die Wurst herum wie die Katze um den heißen Brei. Schließlich hat er sie dann doch mit Todesverachtung gefressen. Onkel Eduard aber ging los und kaufte echte Gütersloher Dauerware. Denn abends kamen seine drei Freunde zum Doppelkopp, und dann gab es Bier und Schnittchen.

Als sie nun munter Doppelkopp spielten und gerade über eine interessante Partie debattierten, verstummten sie plötzlich, denn im Zimmer verbreitete sich ein Gestank, der sogar Karl den Großen umgeworfen hätte. „Gustav, das hast du getan!“ brüllte Eduard empört. „Ich denke nicht daran!“, wehrte sich Gustav, „aber du selbst rückst schon den ganzen Abend so verdächtig auf dem Stuhl hin und her!“

Es wäre schon jetzt beinahe zu offenem Streit gekommen, wenn nicht eine zweite, noch stärkere Dunstwolke aufgestiegen wäre und jede Unterhaltung unterbrochen hätte. Der Hausherr sprang auf, schimpfte wie ein Rohrspatz und riß das Fenster los. Auch die andern drei Doppelköppe sprangen auf und beschimpften sich gegenseitig als Ferkel, Schweinigel und Sauhund. Da kam die dritte geballte Ladung mit solcher Wucht, daß sie allen den Atem nahm. Mit zugehaltenen Nasen gingen sie nun zum Nahkampf über, da entdeckten sie unter dem Tisch den Hund Moses, der die furchtbare Knoblauchwurst verdaute und soeben die vierte Gaswolke auspuffte. Der Gestank allein hätte als Dünger für ein ganzes Stück Kartoffeln ausgereicht.

Man kann es dem kleinen Moses nicht verübeln, daß er die scheußlichen Blähgase gern los sein wollte. „Biätter in de wiete Welt äs in'n engen Bouk!" sagt schon ein Sprichwort. Die größte Schuld an dem verpesteten Herrenabend trägt Onkel Eduard. Man schleppt keine Thüringer Wurst nach Gütersloh, in anderen Gegenden hat man sie nötiger und kann sie besser verdauen.

Familie hört mit

Der Möbelfabrikant Erich Kramer schlug mit der Faust auf den Schreibtisch, daß alles klirrte oder hochsprang. Es war ja auch zum Verzweifeln! Alle wollten Geld von ihm haben, die Holzlieferanten, das Finanzamt, seine Frau, die Tochter, der Weinhändler. Und wer gab ihm Geld? Ab und zu mal ein guter Käufer. Sonst sprachen alle von Teilzahlung und konnten nachher nicht mal stottern. Oh, es war wirklich schwer, an anderer Leute Geld zu kommen!

Erich packte seine Sachen zusammen und beschloß, seinen Freund Hubert in Rheda zu besuchen, der am Samstagnachmittag immer zu Hause blieb, eine ganz reizende Frau hatte und seltsam häuslich geworden war, seitdem ihm der Klapperstorch nach zwölfjähriger Atempause noch ein Nesthäkchen, ein allerliebstes, krähendes Mädel, gebracht hatte.

Auch an diesem Nachmittag krähte der kleine Balg, und als Erich sich ans Klavier setzte und den „Einzug der Gladiatoren" herunterpaukte, ohne das Pedal auch nur einen Moment loszulassen, da wieherte das winzige Fräulein vor Begeisterung. „Ach, Kind, du hast es gut!" rief Erich und nahm das strampelnde Baby auf den Arm. „Könnte man doch immer so jung bleiben! Später wird man höchstens ein Pechvogel wie ich!"

„Na, du kannst dich doch nicht beklagen", sagte Hubert, „'n gutes Geschäft, 'ne nette Frau, 'ne hübsche Tochter, da kannst du es wohl aushalten!" — „Lauter Übertreibung, lauter Superlative! Mein Geschäft geht mies, meine Frau knurrt, und Hilde ist aus unbegreiflichen Gründen Telephonistin geworden", entgegnete Erich brummig.

„Ach was! Das spukt heute allen Mädeln im Kopf, mein Lieber, alle wollen selbständig und für alle Fälle gesichert sein. Aber deshalb bist du doch kein Pechvogel!" — „Bin ich doch! Vorige Woche wollte ich beichten und fahre extra nach Bielefeld, weil mich zu Hause alle Geistlichen kennen. Ich gehe dort in einen Beichtstuhl, der ziemlich belagert ist und denke, der Herr scheint beliebt zu sein. War auch wirklich nett! Alles, was recht ist. Aber als ich fertig bin, sagt er zu mir: ‚Ach, Herr Kramer, wenn Sie mit dem Auto hier sind, würden Sie mich dann nachher wohl mitnehmen?'"

„Das ist allerdings Pech!" sagte Hubert und konnte das Lachen nicht verbeißen.

„Siehste wohl, jetzt mußt du es zugeben. Aber weiter im Text. Selbst bei Harmlosigkeiten falle ich herein. Als ich noch 'n junger Kerl war, schlank und bildschön, da war es mal Mode, bei jeder Gelegenheit einen Cut zu tragen. Ich ließ mir natürlich auch so'n Ding bauen, und er saß mir wie angegossen. Mein Schneidermeister war noch stolzer auf sein Machwerk als ich. Überall prahlte er damit herum, aber leider sprach er das englische Wort falsch aus und sagte immer: ‚Haben Sie schon den neuen Kütt von Herrn Kramer gesehen? Den habe ich gemacht!' Oder auch: ‚Achten Sie mal auf den Kütt von Herrn Kramer, der ist aus meiner Werkstatt!'

Mindestens zehn Jahre hieß ich bei allen Bekannten ‚Mister Kütt'. Neulich komme ich auf die Kurterrasse von Pyrmont, da ruft mir ein alter Freund schon von weitem zu: ‚Ah, Mister Kütt! Auch mal hier?' — So etwas passiert keinem Menschen, nur mir!"

„Nun hör mal auf mit deinen Lamentationen", sagte Hubert, „ich habe dir auch etwas zu erzählen. Wir haben vorgestern lange von dir gesprochen!" — „Wo? Mit wem?" — „Mit einem alten Kriegskameraden von dir, Fritz Nölle." — „Nölle? Fritz Nölle? Warte mal, war der nicht im Polenfeldzug und nachher in Belgien und Frankreich als Ortskommandant tätig?"

„Ganz recht, der ist es. Im Gespräch fiel zufällig dein Name, und da hat Nölle mir so allerlei Kriegserlebnisse erzählt, die zum Schluß immer stark umnebelt waren. Jetzt wohnt Nölle gar nicht weit von hier, in Beckum. Ruf ihn doch mal an!" — „Unsinn! Warum erst anrufen? Wir fahren einfach hin!" — „Das hat keinen Zweck, er ist häufig unterwegs. Warte, ich stelle die Verbindung her."

Beckum meldete sich sofort, aber Nölle mußte erst aus dem Nachbarhause an den Apparat geholt werden. „Wenn der Kerl nur halb so viel Durst hat wie vor zehn Jahren, dann sind wir bald fertig. Nach dem Polenfeldzug lagen wir beiden im Forsthaus Fuchswinkel bei Rudczany am Niedersee. Die Försterin hat uns alle Spezialgerichte Masurens aufgetischt, gespickten Hecht und ähnliche Delikatessen. Abends waren wir immer — „Hier Kramer. Erich Kramer. — Ist mir recht, bleiben wir beim Du. — Hab ich auch nicht geahnt, daß wir so nahe zusammen wohnten. — Schade, aber wenn es heute nicht geht, komm ich morgen. Ich werde meiner Alten eine wichtige Geschäftsreise vorschwindeln, und dann holen wir alles nach, was wir in den letzten Jahren versäumt haben. — Auf Wiedersehen, du altes Sumpfhuhn!"

Erich legte den Hörer auf, drehte sich um und rieb sich die Hände. „So, das ist in Ordnung! Heute hatte der Kerl keine Zeit, aber morgen schlagen wir dran. Ich nehme extra 'n Chauffeur mit, damit ich mich nicht zu behelfen brauche. Junge, das wird 'ne Sitzung! Der Nölle ist ein Genie, wenn er Schlemmermahlzeiten zusammenstellt oder Bowlen braut. Seine Spezialität war Apricot Brandy mit Sekt. Sobald es aber — —"

Da schellte das Telephon. Hubert nahm den Hörer ab und sagte überrascht: „Ja, Frau Kramer, der ist hier. Erich, deine Frau möchte dich sprechen!" — „Meine Frau? Die weiß ja gar nicht —" Er nahm den Hörer und sagte: „Mein Liebling, woher weißt du denn —?" Aber da vernahm er: „Sag doch nicht Liebling. Eben hast du deinem famosen Freund ja gesagt, du wolltest deiner Alten schon was vorschwindeln. Laß das nur, ich habe das ganze Gespräch mitgehört. Hilde war zufällig im Dienst, hat dein Gespräch nach Beckum vermittelt und mich eingeschaltet. Also versuche nicht zu lügen und bilde dir ja nicht ein, daß ich dich morgen nach Beckum zu deinem Sumpfhuhn fahren lasse. Komm lieber sofort nach Haus. Wenn du früh genug zum Abendessen da bist, gibt es geräucherten Aal, wenn du zu spät kommst, gibt's nur billige Leberwurst. Also komm und sei vernünftig!"

Erich legte den Hörer auf und machte ein Gesicht wie drei Tage Regenwetter. „Hab ich's nicht gesagt", stöhnte er, „ich bin und bleibe ein Pechvogel. Da hatte ich eine so schöne Sache eingefädelt, und nun hat die ganze Familie mitgehört."

Der Taufname

Der alte Pälmecke brachte seinen Stammhalter zur Taufe und war nicht wenig stolz auf seinen Sprößling.

„Wie soll der Junge denn heißen?" fragte der Pastor.

„Hiärmken sall he heiten", sagte der Vater, glückselig lächelnd.

„Nur Hiärmken?"

„Ach ja, Här Pastor, et is genaug, et sall män bloß 'n Hiärmken för de Piärde wern."

Der Affenpinscher

Die junge Frau Holtkötter wollte absolut einen Hund haben. Auf die Rasse kam es ihr nicht so sehr an. Mehr auf die Preiswürdigkeit. Wenn junge Frauen etwas absolut haben wollen, sollten Ehemänner es in ihrem eigenen Interesse sofort anschaffen. Denn gekauft wird es ja schließlich doch, und man vermeidet durch das abgekürzte Verfahren viele ungemütliche Brummstunden, angebrannte Suppen und schlecht belegte Frühstücksstullen.

Theodor Holtkötter hatte diese Erfahrung zu seinem Schaden noch nicht gesammelt, weshalb er für das neue Hundeprojekt erst zahm gemacht werden mußte. Das dauerte vierzehn Tage und war für beide Teile gleich unangenehm. Endlich traf Theodor eines Abends im Ratskeller, wo er in niedergeschlagener Stimmung total verhagelte, einen alten Ehemann, der ihm nach der fünften Schnapsrunde eindringlich riet, sofort ein Hundevieh anzuschaffen, und ihm auch eine vorzügliche Bezugsquelle angab.

Schweigsam und schwankend torkelte Theodor über den Marktplatz heimwärts. Eine Gardinenpredigt vermied er geschickt, indem er sofort seine Einwilligung zum Hundekauf herausstotterte. Frau Käthe war so angenehm überrascht, daß sie nur der trostlose Zustand ihres angeheiterten Ehemannes auf eine rührende Versöhnungsszene verzichten ließ.

Am folgenden Morgen bekam Theodor als vorläufige Belohnung für seine heroische Selbstüberwindung einen besonders starken Bohnenkaffee und wundervoll belegte Brötchen. Als er dann mittags vom Büro heimkam, kläffte ihn an der Haustür ein seltsam gestaltetes Hundevieh mit blindem Eifer und häßlicher, aber desto lauterer Stimme an. Frau Käthe suchte ihren Liebling durch zärtliche Worte zu beruhigen; es gelang ihr aber erst durch mehrere Wurstpellen.

„Nun sag mal, Käthe“, fragte Theodor entsetzt, „ist das nun ein Zwergdackel, ein Rattenfänger oder ein Affenpinscher?“

„Das weiß ich auch nicht“, entgegnete die glückliche Frau etwas verwirrt, „ein Dackel ist es nicht, Ratten soll er vorzüglich fangen, ob er aber Affen pinscht, kann ich nicht sagen.“

Das Rippenquietschen

Da kommt zum Kreisarzt ein junger Mann, dessen Verstand gerade ausreicht, um seine Dummheit notdürftig zu bemänteln, und sagt mit sanftem Augenaufschlag: „Herr Doktor, ich habe Rippenquietschen."

„Rippenquietschen?" fragt der erstaunte Medizinmann, „das habe ich noch nie gehört." — „Ich auch nicht", bekennt der semmelblonde Jüngling, „aber immer, wenn ich tief Atem hole, quietscht es." — „Na, dann atmen Sie mal!" — Der Patient pumpt sich gehorsam den Brustkasten voll, und tatsächlich, bei jedem Atemzuge quietscht es, als wenn ein Fahrradpedal lange nicht geschmiert ist.

Der Doktor schüttelt den studierten Kopf und kommandiert, wie die Ärzte das in solchen Fällen immer tun: „Ziehen Sie sich aus!" — Der Rippenquietscher legt Rock und Weste beiseite und streift den Hosenträger ab. Als er nun atmet, quietscht es nicht mehr. „Sehen Sie wohl, mein Lieber, da sind Sie schon geheilt", rief der Arzt triumphierend, „die Kosten für ärztliche Bemühungen belaufen sich auf drei Mark!"

Da bricht der Junge in Tränen aus und wimmert: „Ich will ja gerne zehn Mark geben, wenn es nur nicht mehr quietscht." — „Seien Sie nur zufrieden, die Sache ist in Ordnung, ziehen Sie sich wieder an." Der Patient fliegt nur so mit beiden Händen durch die Ärmellöcher, und als er nun erleichtert Atem holt, ei verflixt, da quietscht es wieder!

Nun fängt die Sache aber doch an, geheimnisvoll zu werden. „Ziehen Sie sich aus!" schnaubt der Doktor. „Aber ich kann doch nicht immer in Hemd und Hose..." — „Stehen Sie da nicht so langweilig herum, ziehen Sie sich aus, wir haben auch noch andere Kranke als Rippenquietscher!" tobt der erboste Medizinmann. Und zum zweiten Male beginnt die Untersuchung. Diesmal wird der Herd der Krankheit entdeckt. „Kaufen Sie sich einen neuen Hosenträger, Sie geschwollener Affe, Ihre Rippen sind heil, aber die eiserne Spange am Hosenträger ist zerbrochen, und die Stücke schieben sich aneinander und besorgen das blödsinnige Quietschen!"

Die sprechende Krähe

Im Zug Paderborn—Bielefeld saß ein Mann, der eine eingesperrte Krähe mächtig lobte. Die anderen Mitfahrenden waren im Augenblick für das schwarze Vieh interessiert, besonders aber Lüken-Jösken. Er wollte die Wunderkrähe schon nach kurzem Bestaunen kaufen.

„Laot se maol küern!“ meinte er. — „Sprechen tut sie nur, wenn sie lesen kann“, bemerkte der Krähenbesitzer. — „Wat Dusend, liäsen kann se auck?“ — „Aber sicher, mein Herr, wir halten gleich auf einer Station, ich werde sie dann durchs Fenster halten und den Stationsnamen abrufen lassen.“ — „Wann se dat kann, giew ick twintig Mark.“

Der Zug bremste und hielt auf Station Krax. Der Mann hielt die Krähe durch das Fenster und kniff sie ins Bein. Sofort schrie sie: „Kra-a-ax! Kra-a-ax!“ — „So, hier haben Sie Ihre Krähe, und ich bekomme zwanzig Mark!“ — „Junge, wi willt doch erst maol waochten, ob se auck ‚Windelsbleiche‘ liäsen kann.“

Nun aber bald!

Der Apotheker in Gütersloh hatte einen Knecht mit fabelhaftem Appetit. Der Mann war überhaupt nicht satt zu bekommen. Es kursierten unglaubliche Gerüchte über Mahlzeiten, die er vor Zeugen gehalten, und Freßwetten, die er spielend gewonnen hatte. Darum war es auch eigentlich kein Risiko, als der Apotheker behauptete, sein Knecht könne ein ganzes Kalb verzehren. Man ging am Stammtisch eine Wette ein, und der Knecht mußte am Samstag das Kalb aufessen.

Um ihm die Arbeit etwas schmackhafter zu machen, hatte man von dem Kalb verschiedene Gerichte gemacht. Es gab Kalbsragout, Kalbsschnitzel, Kalbskotelette und Kalbshaxen. Einige Pfund Ragout verschwanden wie Schnee vor der Sonne, eine Fracht Schnitzel wurde spielend erledigt, die Kotelette waren im Handumdrehen bis auf die Knochen abgenagt, und der Kalbsbraten wurde mit einem Vergnügen angeschnitten, daß man über sein Schicksal keinen Zweifel hegen konnte. Aber bei der letzten Haxe sagte der Knecht und wischte sich den Schweiß von der Stirn: „Et wät nu baolle Tied, dat dat Kalw kümp, süß sin ick satt!“

Der verhexte Ziegenbock

Wenn die Dorfkirche auch überfüllt war, hatte Surhoffs Kaspar immer noch reichlich Platz. Neben ihm zu beiden Seiten und direkt hinter ihm hielt es niemand länger als zehn Minuten aus. Das verdankte er hauptsächlich dem Ziegenbock, den er zu Hause für die acht Ziegen des Dorfes hielt und der schon aus Langeweile und Gewohnheit niederträchtig stank. Im Laufe der Zeit nahm Surhoffs Kaspar denselben Geruch an, und da er nur einen Anzug hatte und nicht viel von Körperpflege hielt, wollte niemand neben ihm sitzen.

Nun hatte er beim Wirt Freese schon längere Zeit seinen Schnaps nicht bezahlt, und da die Einkünfte aus der „Deckstation" nur spärlich einliefen, konnte mit einem resoluten Abbau dieser Zechschulden kaum gerechnet werden. Darum hatte der Wirt bei passender Gelegenheit den Ziegenbock als einziges Wertobjekt entführen lassen und in einer etwas abseits gelegenen Hütte als Faustpfand sicher versteckt.

An demselben Abend kehrte Bähndken Kramme in der Wirtschaft ein und prahlte, er hätte sich aus dem Lippischen eine prachtvolle Saanenziege geholt, die er seiner Frau als Geschenk zur Silbernen Hochzeit mitbringen wolle. Da es draußen gerade nicht kalt, aber doch ziemlich frisch war, heizte Bähndken zunächst mal mit Doppelkorn und Steinhäger ein. Die Außentemperatur spielte übrigens keine Rolle bei ihm, bei Bullenhitze hätte er dasselbe Quantum zur Abkühlung getrunken. Und wenn er für seine Frau eine Ziege kaufte, dann war für ihn selbst auch eine übrig.

Nun saß zur selben Stunde in der Wirtsstube ein Seifenreisender mit seinem Chauffeur, und der Chauffeur war ein geschickter Bauchredner, der schon viele Leute in Aufregung gebracht hatte. Plötzlich hörte man, als wenn es von draußen käme, ein Rufen: „Kramme! Herr Kramme! Kommen Sie mal heraus!" Bähndken richtete sich auf und spitzte die Ohren. „Herr Kramme, kommen Sie sofort!" rief es wieder geheimnisvoll.

„Mein Gott, we röpp mi dao?" wisperte Bähndken, und seine grauen Haare sträubten sich. „Et kümp von bouten, gaoh doch es hen!" sagte der Wirt Freese. „Ick will mi wull wahren!", rief Kramme, „ick will nix met Hexen un Gespenster to dauhn häbben!" Da hörte man die seltsame Stimme schon wieder, aber scheinbar viel näher. „Das kommt doch nicht von draußen!", sagte der Seifenhändler, „ich lasse mich fressen, wenn der Kerl nicht da im Nebenzimmer sitzt und uns bange machen will."

„Tiegenan is kien Mensk!“ entgegnete der Wirt, öffnete die Tür, knipste das Licht an und zeigte allen, daß die Stube völlig leer war. Auch Bähndken schaute vorsichtig um die Ecke und sagte leise: „Ick segge je, et sind Gespenster, de küert, aohne dat 'm se seihen kann.“ — „Gespenster gibt es gar nicht“, erklärte der Chauffeur mit Bestimmtheit. „Un ick segge di, et giff wecke!“ behauptete Kramme. „Se fläiget män so um us harüm. Ha! Jüst gonk et mi so nattkaolt dür'n Nacken, dao hät mi dat Gespenst sieker met'n Rockslipp hierstrieken. Kumm, giff mi nao'n Steinhäger, et wät mi süß slächt!“

Als sie wieder um den runden Tisch saßen, hörte man die Geisterstimme wie aus einem Grabe rufen: „Lieber Kramme, kommen Sie doch! Bähndken Kramme, helfen Sie mir!“ — Der Seifenhändler sprang auf: „Nun weiß ich's ganz genau, die Stimme kommt aus dem Schornstein!“ — „Häff ick't nich seggt, et sind Hexen!“ rief Bähndken entsetzt und der Angstschweiß stand ihm in Tropfen auf der Stirn. „Hexen fläiget ümmers dür'n Schuornstäin! Schuornstäin rin, Schuornstäin rout! Ick bliewe hier nich, ick föhr stantepeh nao Hous hen!“ Er warf das Geld auf den Tisch, stieg in seinen leichten Federwagen und fuhr los.

Sein Pferd, das den Heimweg immer allein wußte, lief ihm diesmal gar nicht schnell genug. Allmählich aber umnebelten die genossenen Schnäpse seine Gedanken, und als das Pferd zu Hause vor der Stalltür hielt, kam Bähndken aus tiefem Schlaf und wußte von dem ganzen Abenteuer nichts mehr. Er wußte aber vor allen Dingen nicht, daß der Bäckergeselle und der Lehrling von Freese ihm die Saanenziege mit dem Bock von Kaspar Surhoff vertauscht hatten. Er merkte es nicht mal am Geruch, als er das Stinktier vom Wagen in den Stall brachte.

Seiner Frau, die schon zu Bett lag, prahlte er noch lange von der prächtigen Ziege etwas vor und bat sie immer wieder, das teure Tier gleich morgen früh zu melken. Das wollte Frau Kramme auch, aber sie kam sofort zurück und schimpfte: „Bähnd, wat häs du maket? Du häs je 'n rodderigen Buck kofft!“ — „Stina!“ rief Bähndken und hob drei Finger der rechten Hand hoch, „dat kann ick wull beschwiären, dat ick 'ne wunnerschöne Siege metbracht häff!“ — „Gewiß häs du 'ne Siege metbracht, du bis je nun nao besuopen, aower nu marsch up'n Wäg un tousk mi den Buck üm!“

„Stina, verdöhst du di auck nich?“ fragte Bähndken vorsichtig. „Nä, wann mi auck de Augen bedraigen können, aower miene

Niäse bedrügg mi nich. Dat aolle Dier stinket je twintig Meter giegen den Wind!" ereiferte sich Frau Stina. Da wußte Bähndken, daß er aufstehen und losfahren mußte. Natürlich hielt er wieder beim Wirt Freese und erzählte ihm sein Pech. Es waren noch drei andere Gäste da, die von der Geschichte bereits gehört hatten und nun einstimmig beteuerten, man könne sich auf die Lipper Händler nicht verlassen, die verkauften Ziegen und packten Böcke auf den Wagen. Das sei nicht das erste Mal!

Bähndken gab aus Dankbarkeit drei Lokalrunden aus. Unterdessen vertauschten der Bäckergeselle und der Lehrling den Bock wieder mit der Ziege, und Bähndken fuhr damit ins Lippische. Wutschnaubend fuhr er den Viehhändler an: „Du häs mi ansmiert, du Aos! Ne Siege häste mi verkofft, un 'n Buck häste upladen!" — „Ick häff üöwerhaupt kienen Buck hat!" sagte der Händler ganz ruhig. — „Männeken, wann mi de Augen villichte bedraigen können, aower de Niäse bedrügg mi nich. Dat rodderige Dier stinket je hunnert Meter giegen den Wind!"

Bei diesen Worten hatte er die hintere Tür des Lakenwagens geöffnet. „Ick rouke nix!" sagte der Händler. Bähndken roch auch nichts. Er schnupperte, aber ohne Erfolg. Und seine Augen sahen dieselbe schneeweiße Saanenziege, die er gestern gekauft hatte. Er kratzte sich den Kopf. Mein Gott, war die Welt denn verhext? Mit vielen Worten, die aber nicht viel hießen, entschuldigte er sich und fuhr wieder ab. Der Händler schaute ihm kopfschüttelnd nach.

Bähndken aber fuhr bei Freese vor und sagte: „Hier sind doch Hexen. Gistern aobend dao bouten wörn se, dao in dat Zimmer un naohier in'n Schuornstäin. Se häfft miene Siege verhext!" Der Wirt aber sagte mit ernstem Gesicht: „De eene Mann gistern was'n Bauchredner, de het dat Küern maket. De kann met'n Mund küern un met'n Bouk! De könn wull ganz alläine twäistimmig singen, de erste Stimme met'n Mund un de twedde Stimme met'n Bouk. Un wann du met'n paar Baßtöne tofriär bis, dann kann he't sogar dräistimmig! Aower hexen kann he nich, un Hexen gifft auck nich!"

Krammen Bähndken trank noch einige Schnäpse und fuhr nach Hause. Als er den Wagen öffnete und die Ziege ausladen wollte, traute er seinen Augen nicht, aber seine Nase roch es. Die Ziege war wieder zum Bock verhext. „Stina, se könnt seggen, wat se willt!" rief er seiner Frau entgegen, „bi Freese häfft se Hexen, süß könn hier doch nich wier de verhexte Siegenbuck up'n Wagen staohn!"

Die landwirtschaftliche Sünde

Da ist im Kreise Wiedenbrück Pastors Threschen, die als Haushälterin einfach eine Perle ist. Niemand kocht so gut, niemand hat das Haus so blitzsauber und den Garten so tadellos in Ordnung wie Fräulein Threschen. Dabei ist sie in ihren Ansprüchen ungeheuer bescheiden und wäre in der unseligen Markenzeit beinahe verhungert.

Das soll aber nicht wieder vorkommen, jetzt hat sie eine extra gute Kuh im Stall und zwei Schweine. Die Schweine machen ihr vorläufig allerdings noch Kummer. Die beiden Tierchen fressen ganz gut, sind auch recht kregel, quieken nach Herzenslust, aber wollen durchaus nicht dicker werden.

Wenn Threschen mit zünftigen Schweinezüchtern zusammentrifft, fragt sie nach den neuesten Rezepten für eine erfolgreiche Schweinemast oder doch nach erprobten Mitteln, daß wenigstens die Schinken etwas dicker würden. „Dat annere is nich so wichtig", sagt sie dann, „aower use Här mag so gäne 'n Schinkenbuotter." Neulich hatte sie einen Händler mit in den Stall genommen und ihm die Schweine gezeigt.

„Oh, de sind je ganz in Ordnung!" rief der Händler beinahe begeistert, „de söllt sick wull maken!" — „Aower de Schinken, de Schinken!" jammerte Fräulein Threschen. Die Schinken wurden ihr zur fixen Idee und verfolgten sie Tag und Nacht. Plötzlich war sie fast schwermütig, so daß es dem Pfarrer auffiel und er sie fragte. Da sagte Threschen errötend, sie habe eine landwirtschaftliche Sünde begangen. Der Pastor schüttelte den Kopf und sagte, das gäbe es nicht. Aber Threschen ließ sich nicht beirren und stotterte: „Als ich neulich den Anstreicher die Treppe hinaufgehen sah, da dachte ich mich so: Wenn doch use beiden Schwienkes auk so 'n rund Ächterveerdel hädden!" Das war mal eine harmlose Beichte, und da wird wohl die Buße auch nicht zu schwer gewesen sein.

Der verschmähte Tausendmarkschein

Es war natürlich in der Inflationszeit. Da verlor auf der Bahnhofstraße ein sehr korpulenter Herr einen Tausendmarkschein. Frau Schlüppmann, die hinter ihm herging, hatte von früher her noch eine gewisse Hochachtung vor Tausendmarkscheinen und machte den Dicken darauf aufmerksam, daß er soeben Kapitalien verloren hätte, und da drüben lägen sie.

Zu ihrem größten Erstaunen sagte der Herr freundlich lächelnd: „Nä, liebe Frau, das gibt's nicht. Sehen Sie mal, ich habe vorgestern einen Zehntausender verloren, und als ich mich aus alter Gewohnheit bückte, um ihn aufzunehmen, riß mir ein Hosenknopf ab. Der Schneider hat für den neuen Knopf und das Annähen zwanzigtausend genommen, und seitdem lasse ich Geldscheine im Werte eines Hosenknopfes ruhig liegen. Wenn Sie den Schein aufnehmen wollen, zerbrechen Sie sich bitte keine Korsettstange!"

Jakobi in Mastholte

Der Jakobimarkt ist als Pferdemarkt weit über die Grenzen des Kreises Wiedenbrück hinaus berühmt. Auf dem großen Bauernhof in der Mitte des Dorfes steht dann Pferd an Pferd, und es ist lebensgefährlich, sich hindurchzudrängen, um in der altertümlichen Bauernküche, die nur an diesem Tage als Gaststube dient, schnell eine kalte „Mösenperle" zu trinken.

Auf dem Marktplatz geht unterdessen der tolle Kirmestrubel los und nimmt groß und klein mit seinem Zauber gefangen. Zwei Zirkusunternehmen, eins noch weltberühmter als das andere, machen ohrenbetäubenden Lärm. Vor dem einen produziert sich die ganze Künstlerfamilie, Urahne, Großmutter, Mutter und Kind hoch zu Roß, und die männlichen Künstler machen Musik dazu. Vor dem Konkurrenzunternehmen tanzen vier junge leichtgeschürzte Mädel nach der Melodie: „Es war in Schöneberg, im Monat Mai." Als die Urahne von gegenüber den Beifall des Publikums bemerkt, befiehlt sie entschlossen: „Abgesessen!", und die ganze Familie tanzt ebenfalls wild durcheinander. O Urahne, o Großmutter, hättet ihr beiden doch wenigstens nicht mitgetan! Es ist ja zum Heulen! —

Nebenan empfiehlt der billige Jakob seinen echten Glaserdiamanten. „Er schnippelt das Glas, wie die Mutter die Fitzbohnen schnippelt. Was, ihr wollt nicht kaufen? Gut, warten wir, bis heute nachmittag das ganz feine Publikum kommt, das kauft alles, und ihr kriegt nichts mehr mit!"

Aber davon wollte ich ja gar nicht sprechen, auch nicht von den riesigen gebratenen Deelhähnen, die man bei Reilmann essen kann, sondern von der Ringkämpfertruppe Honsel. In glühender Sonnenhitze boxen und ringen sie, daß ihnen Bäche von Schweiß an Armen und Beinen herunterlaufen. In jeder Pause kommt dann Mia May im knappen Trikot mit riesigem Badetuch und trocknet die Kämpen ab.

Fräulein Mia May imponiert mir. Nicht weil ihr Name an den Apachenfreund Karl May erinnert, auch nicht, weil sie ihre schlanken Glieder durch enge Ringe quetscht und auf schwankenden Stuhlpyramiden waghalsige Kunststücke aufführt, sondern weil sie in ihrem ganzen Benehmen, im Gesichtsausdruck und in ihren aparten Bewegungen so etwas Exotisches an sich hat.

Auf einmal sehe ich, wie Fräulein Mia May auf eine alte Frau in Delbrücker Tracht losgeht und in unverfälschtem Dialekt zu ihr sagt: „Je, Tante, dat häste wull nich dacht, dat ick hier Kumetzkes maken däh."

Bekanntmachung

Eine Brauerei in Bielefeld entnahm in früheren Zeiten das Brauwasser aus einem Bach, in dem von den Anwohnern nicht nur Wäsche ausgespült wurde, sondern der auch sonst noch allerlei fortschwemmen mußte.

Wenn gebraut werden sollte, erließ die Brauerei vorher eine Bekanntmachung, die an Deutlichkeit nichts zu wünschen übrig ließ. Der genaue Wortlaut dieser Bekanntmachung ist leider im Laufe der Jahre vergessen worden, doch hat die Bielefelder Verwaltung zum Stadtjubiläum nach mündlichen Überlieferungen den Text zusammenstellen lassen und hat ihn auf ihren 25-Mark-Stadtscheinen dem Gedächtnis der Nachwelt erhalten. Die Scheine erreichten schon deshalb sofort einen 3—4fachen Händler- und Liebhaberpreis. Da die Bekanntmachung auf diesen Notgeldscheinen in Seide gestickt und außerdem schon einem größeren Publikum bekannt geworden ist, wollen wir sie auch wiedergeben. Sie lautet: „Es wird hiermit bekanntgemacht, daß niemand in die Bache kackt, denn morgen wird gebraut."

Erbsensuppe mit Pökelfleisch

Der Fabrikant Schmidt hatte eine Ziegelpresse verkauft und war bei der Montage selbst anwesend. Vormittags war fleißig gearbeitet worden, Schmidt hatte selbst mit angefaßt, und nun war die Sache so weit gediehen, daß gleich nach Mittag ein Probeversuch gemacht werden konnte.

Mittagspause. Der Ziegelbäcker kommt zu Herrn Schmidt und ladet ihn freundlich zum Essen ein. Sie hätten zwar nichts Besonderes gekocht, er müsse vorliebnehmen, und was bei solcher Gelegenheit sonst immer noch gesagt wird. Schmidt hat einen Wolfshunger, und da kein vernünftiges Wirtshaus in der Nähe ist, geht er notgedrungen mit. Alle Familienmitglieder sitzen um einen Tisch, jeder hat einen runden Löffel, und in der Mitte steht als ruhender Pol ein mächtiger Suppenkump, aus dem alle gemeinsam essen. Die Erbsensuppe schmeckt ganz gut, und Schmidt langt wacker zu. Auf einmal hat er einen recht harten Knorpelknochen gefischt, kaut daran herum und vermag ihn nicht klein zu bekommen. Der Ziegeleibesitzer merkt das und sagt wohlwollend: „Dat giewet män dran, Herr Schmidt, den krieget Se nich klein, ick häff'n auck all tweemaol to bieten hat."

Nur keine Mannsleute

Eine Jungfrau, die sich bereits fünfzig Jahre recht und schlecht allein durchs Leben geschlagen hatte, ging auf Eierkollekte. Auf einem Bauernhofe traf sie nur die Meerske zu Hause, und da diese sehr beschäftigt war, erhielt sie die Erlaubnis, selbst die Hühnernester revidieren zu dürfen.

Sie gab sich sofort an die Arbeit, stellte eine lange Leiter an die Wand und sammelte. Schon nach drei Minuten hörte die Meerske einen entsetzlichen Schrei. Sie eilte auf die Tenne. Die Leiter war ausgerutscht, die Tante aber mit ihren Röcken an einem Wandhaken hängen geblieben und schrie in Todesnöten: „Hilfe, Hilfe! Aber nur keine Mannsleute, nur keine Mannsleute!"

Strangtabak

Die Bauern im Amte Verl hatten früher — allerdings ganz früher — höchst eigenartige Kalender. Jeden Sonntag kauften sie im Dorfe nach dem Hochamt einen „Strang“ Tabak und kerbten den siebenmal ein. Jede Kerbe mußte für einen Tag ausreichen, und wenn der Strang aufgepriemt war, zog man gewohnheitsgemäß den Sonntagsstaat an, ging zum Hochamt und kaufte einen neuen Strang.

Dieser Kalender wäre sehr einfach und, wie alles Einfache, sehr zuverlässig gewesen, wenn es keine beweglichen Feste gegeben hätte. Ein Bauer in Sende hatte jedenfalls nicht mit solchen Unregelmäßigkeiten gerechnet. Mitten im Winter war er fleißig am Stallausmisten, als Nachbarn im Festgewand vorbeikamen und erstaunt riefen: „Aower Jan, willst du denn nich nao de Haumisse?“

Da griff unser Freund wortlos in seine Westentasche, zog seinen Strang hervor und sagte bedächtig: „Ick häff nao drei Stücke, et is erst Donnersdag!“

Als ihm dann klargemacht wurde, daß heute Weihnachten sei, nahm er seine Mistgabel zur Hand und packte den ausgeworfenen Dünger wieder in den Stall zurück, damit am Christfeste wenigstens keine knechtliche Arbeit verrichtet war.

Schlechtes Fundament

Der Maurer Hagenbrinker konnte sich wohl mit Arbeit behelfen, aber nicht mit Schnaps. Das gebrannte Wasser hielt er für ein notwendiges Nahrungsmittel, das man nicht ohne Schaden für seine Gesundheit entbehren kann. Als er einst wieder recht viel Nahrung zu sich genommen hatte und ihm die Dorfstraße etwas eng wurde, sah er zu seinem Schrecken den alten Dechanten daherkommen. Begegnen wollte er ihm auf keinen Fall, weil er eine Moralpredigt befürchtete, und darum ließ er sich in den Chausseegraben rollen und steckte den Kopf tief in das Gras.

Aber der alte Herr hatte ihn längst gesehen, blieb neben ihm stehen und sagte mißbilligend: „Aber, Hagenbrinker, wie könnt Ihr Euch am hellen Tag so betrinken, daß Ihr nicht mehr gehen könnt?“

Da hob der Maurer den Kopf hoch und stotterte: „Süh, Här Pastor, i—ick häff bi Do—do—doppmeier ’n kleinen Schnaps drunken u—u—un bi F—Fl—Fleiters ’n grauten Schnaps u—u—un nu steiht de Graute up den Kl—leinen, un dat is ’n wackeliget Fundament!“

Allzu vorsichtig

Wenn man ein knurriges, ein brummiges oder gar ein zorniges Gesicht macht, muß man fünfzig verschiedene Muskeln in Bewegung setzen. Aber wenn man fröhlich ausschauen oder lustig lachen will, hat man nur dreizehn Muskeln nötig. Das haben ganz gelehrte Ärzte festgestellt, und man darf es also wohl glauben. Lachen wir darum oder seien wir wenigstens vergnügt, dann sparen wir täglich eine Menge Energie und bekommen keine Falten.

Onkel Heinrich möchte sich die paar Falten, die er schon hat, fortlächeln und keine neuen wieder anärgern. Darum ging er neulich mit dem festen Vorsatz zum Skatabend, sich auch dann nicht aufzuregen, wenn er mal unerwartet viel verlieren würde. Das Schicksal meinte es gut mit ihm, er verlor nicht, sondern gewann jedes Spiel, das er ansagte, und hatte zum Schluß zehn Mark mehr als vorher.

Die Brust vor Stolz geschwellt, mit sich und der Welt restlos zufrieden, ging er um Mitternacht nach Hause. So, nun hatte er auch mal etwas im Inkästchen, wovon seine Frau nichts wußte. Er wollte das schöne Geld natürlich nicht verplempern oder in Gesellschaft leichtsinniger Freunde verprassen. Nein, Vergnügen wollte er von den beiden Fünfmarkscheinen haben, er mußte sie retten, sie durften seiner Frau nicht in die Hände fallen. Wenn er das Geld im Portemonnaie ließ, kramte seine Anna am andern Morgen die Taschen aus, fand das Geld und kaufte Kaffeebohnen, Maggi oder Zucker dafür.

Nein, nein, das ging unter keinen Umständen. Er mußte für sein Privatvermögen ein ganz einwandfreies und sicheres Versteck finden. Vorsichtig, auf den Socken, schlich er ins Schlafzimmer. Gott sei Dank, seine Frau schlief fest. Unhörbar zog er sich aus, dann nahm er einen Stuhl, stieg an den Kleiderschrank und wollte eben — — „Heinrich, was machst du da?“, fragte Anna plötzlich. „Oh, nix, ich wollte nur — —, ich glaube, wir haben ’ne Maus im Zimmer.“

„Um Gottes willen! ’ne Maus?“ — „Nein, nein, rege dich nur nicht auf, es ist keine da, ich dachte nur“, beruhigte Onkel Heinrich seine Frau, damit sie zum Gottes willen ruhig im Bett liegen bliebe. Das wäre ja entsetzlich, wenn sie jetzt aufstünde und sähe ihn mit dem Geld in der Hand stehen. Schnell drehte er das Licht aus und legte sich mit dem Kapital zu Bett. Aber er konnte lange keine Ruhe finden. Immer quälte ihn der Gedanke: Wo und wie bringe ich mein Vermögen sicher unter?

Noch nie hat ein Kaufmann solche Angst vor dem Finanzamt gehabt wie Onkel Heinrich vor dem Zugriff seiner Frau. Plötzlich kam ihm ein glänzender Gedanke. Er faltete die beiden Fünfmarkscheine ganz klein zusammen und knotete sie dann in den Zipfel seines Nachthemdes. Dieses vorläufige Versteck gefiel ihm so gut, daß er schmunzelnd einschlief und die vergnügtesten Sachen träumte.

Als er am andern Morgen erwachte, war Frau Anna schon aufgestanden und zur Kirche gegangen. Sein erster Gedanke galt indessen auch nicht seiner Frau, sondern dem Skatgewinn. Er griff nach seinem Hemdzipfel — das Kapital war futsch. Es war überhaupt kein Knoten zu finden, spurlos waren die beiden Geldscheine verschwunden.

Und ob er nun auch das ganze Bett, sämtliche Decken und Kissen umwühlte, die beiden Banknoten waren nicht zu finden, nicht mal eine einzige. Onkel Heinrich legte sich auf den Boden und kroch unter das Bett, aber auch da war alles öde und leer.

Wer will sich darüber wundern, daß dem armen Onkel an diesem Tage der Morgenkaffee nicht gut schmeckte, obgleich er ihn vor Kummer doppelt nötig hatte? Nun hatte er mal ein nettes Privatvermögen für besondere Zwecke in Händen gehabt, von dem weder seine Frau noch das Finanzamt etwas wußten, und schon war es über Nacht spurlos verschwunden. Nein, doch nicht, das Geld hat sich in anderer Form wiedergefunden!

Als Frau Anna von der Kirche zurückkam, hatte sie eine Tüte voll Kaffeebohnen bei sich und sagte: „Denk dir mal, Heinerich, so etwas ist mir noch nicht passiert. Als ich heute morgen aufstand, waren in den Zipfel meines Nachthemdes zehn Mark in zwei Scheinen eingeknotet. Ich habe gleich Kaffee dafür mitgebracht, aber ich kann mir nicht erklären, wie ich zu dem Gelde gekommen bin!" Onkel Heinrich hätte es erklären können, aber er tat es nicht. Abends hatte er zwei Falten mehr im Gesicht, für jeden Fünfmarkschein eine!

Wechseljahre

Beinahe umgekehrt und doch ganz ähnlich ging es in der Familie Flüchter. Es ist nicht gestern passiert, sondern schon vor dem zweiten Weltkrieg, aber da es lehrreich ist, muß es unbedingt erzählt werden. Flüchters Mama hatte aus der kaiserlichen Zeit ein goldenes Zehnmarkstück über die Inflation für sich gerettet. Niemand wußte etwas davon, keine Behörde, kein Kommissar, nicht einmal ihr Mann August.

Je länger sie es aufbewahrte, desto größeren Wert gewann es in ihren Augen. Sie betrachtete es ab und zu und überlegte, was sie dafür anschaffen könnte. Nur ihr August durfte nichts davon wissen, der war hinter dem Geld her wie der Deubel hinter der armen Seele. Als sie das blinkende Goldstück eines Tages liebevoll anschaute, kam August plötzlich in die Stube und fragte: „Wat häste dao?“ — „Nix!“ sagte sie und steckte das Geldstück in den Mund. Als August sich mit dieser Auskunft nicht zufrieden geben wollte, schluckte sie es vor Angst herunter.

Wenn man etwas verloren hat, lernt man es erst richtig schätzen. Für die arme Frau gewann das verschluckte Geldstück, das sie fast zwanzig Jahre wie einen kostbaren Schatz behütet hatte, einen phantastischen Wert. Sie tröstete sich damit, daß es auf natürlichem Wege wiederkommen müsse, aber als es am vierten Tage noch nicht da war, wurde sie fast schwermütig.

Nun bildete sie sich noch ein, daß ihr Schatz vielleicht in den Blinddarm geraten sei und sie an ihrer Lüge und Heimlichtuerei zur Strafe sterben müsse. Ihrem August fiel die merkwürdige Veränderung im Wesen der Frau doch auf, und da er sie wirklich lieb hatte, bat er sie um Auskunft. Nun legte sie ein volles Geständnis ab, und der Mann war einfach platt. Zuerst wollte er empört losdonnern, als er aber das vergrämte Gesicht seiner Lebensgefährtin sah, sagte er beruhigend: „De Prophet Jonas hät 'ne halwe Wiäcke in so'nen Walfisk siätten un is heile wierkumen, so geiht et met 'n Goldstück auck!“

Er gab seiner Frau eine beträchtliche Menge Rizinusöl ein, aber es kam kein Zehnmarkstück wieder, und die arme Frau wurde ganz schwermütig. Nun fragte Flüchter den Arzt um Rat. Der sagte ihm, es sei nicht damit zu rechnen, daß nach einer Woche das Geldstück noch wiederkomme, er solle ein anderes in das Geschirr legen und so tun, als wenn es das verschluckte wäre. Flüchter begriff das.

Aber nun hatte er kein Goldstück. Also praktizierte er sehr listig fünf Zweimarkstücke unbemerkt in den Porzellanbehälter und rief, als seine Frau aufstand und ehe sich begreifliche Zweifel in ihrem gequälten Herzen einzunisten vermochten: „Wat 'n Glück, wat 'n Glück! Dao is dat Geld wier! Threschen, du häs sieker dat Wesselfeewer hat, un wann et länger douert här, wör dat ganze Geld sieker in louter Gröskens wesselt worn.“ Die Frau hatte ja ganz gewiß ein sicheres Plätzchen ausgesucht, aber allzu vorsichtig soll man schließlich auch nicht sein.

Des Schäfers Lektüre

Die Heidegegend am Fuße des Teutoburger Waldes ist allen Männern, die früher bei westfälischen Regimentern auf das Kriegführen eingeübt worden sind, unter dem Namen Senne in wenig angenehmer Erinnerung. Dem alten Soldaten fällt sofort der Vers ein: „Der liebe Gott erschuf im Zorn die große Senne bei Paderborn."

In dieser etwas einsamen Gegend lebte ein alter Schäfer, der nach Art seiner Berufskollegen wenig sprach und viel ins Blaue sah. Und weil viele kluge Leute, Professoren und Dichter, ebenfalls wenig reden und dafür desto mehr ins Blaue schauen, so hielt man den alten Schäfer allgemein für einen sehr schlauen Mann, den nur die Ironie des Schicksals zu den Schafen verschlagen hatte, damit er sie als seine Familie beisammenhalte und ihnen den Weg zum Futterplatz und zum Nachtquartier zeige.

Da kam ein wanderlustiger Oberlehrer aus Bielefeld von Örlinghausen her durch die Heide bis nach Augustdorf getrampelt. Er wollte Käfer, Schmetterlinge, Pflanzen und Steine sammeln. Das brachte zwar früher nicht mehr ein als heute, aber einige Leute hielten es doch für eine wichtige und standesgemäße Beschäftigung.

Nun erwischte dieser Brillenonkel mit Botanisiertrommel und Vergrößerungsglas auf seinem Raubzuge plötzlich unseren einsamen Schäfer und bestaunte ihn zunächst ausgiebig als eine Art Meerwunder. Der Schäfer tat dasselbe, und darum verstanden sich die beiden schon recht gut, ehe sie noch miteinander gesprochen hatten.

„Sagen Sie mal, mein lieber Mann", fragte der Gelehrte, „wird Ihnen denn hier die Zeit niemals zu lang?" — „Nä", entgegnete der Schäfer und Naturphilosoph. — „So, dann lesen Sie wohl viel?" — „Dann und wann!" brummte der Schafhirt. — „Was lesen Sie denn wohl? Goethe?" — „Nä." — „Schiller?" — „Nä." — „Annette von Droste-Hülshoff?" — „Nä." — „Die Heilige Schrift?" — „Nä." — „Aber um des Himmelswillen, was lesen Sie denn eigentlich?" fragte der Brillenkaspar ganz aufgeregt. Da schob der alte Schäfer seinen Priem von links nach rechts, spuckte kräftig ins Heidekraut und sagte: „Wann ick Tied häff, liäse ick Schaopküttels up."

★

Das junge Paar

Wir hatten die Katharina zehn Jahre als Dienstmädchen gehabt, seit zwei Monaten war sie nun verheiratet. Aber sie kam recht oft wieder zu uns und sah nach, wie es im Garten aussah.

Neulich brachte sie einen ganzen Packen Leinen und auch Kleiderstoffe mit, die sie im Laufe der Jahre zusammengehamstert hatte, und bat mich, ich möchte das für sie aufbewahren. „Mein Gott, Katharina, du hast doch nun einen eigenen Haushalt, warum läßt du die Sachen denn nicht da?“ fragte ich. Katharina entgegnete: „Man kann in düsse Tied sine guten Saken nich bi wildfremde Lüde in'n House liggen laoten!“

Kurze Zeit später traf ich den jungen Ehemann, der Kutscher in einer Schnapsbrennerei ist. Ich fragte ihn, ob er mit seiner Frau nicht gut zufrieden sei, er hätte es doch glänzend getroffen. Da schüttelte er etwas mißbilligend den Kopf und sagte: „Immer will se Geld häbben, den ganzen Dag. De Fraulüde sind to happig.“ — „Ja, aber was macht die Katharina denn mit all dem Geld?“ — „Ick wäit nich, ick häff ihr nao nix gieben!“

Der verlorene Hausschlüssel

Der alte Müller in Verl war ein baumlanger Hüne, der alle um eine Kopflänge überragte. Natürlich hatte er entsprechende Hände und Füße. Wenn er dem unaufmerksamen Hütejungen eine Ohrfeige auf die rechte Backe gab, dann bekam die linke gleich was mit, weil die Finger um den Kopf herum bis auf die andere Seite reichten. Und wenn er mit seinen Holzschuhen ein paarmal über gepflügtes Land ging, so brauchte man es nicht mehr zu walzen, denn es war überall plattgetrampelt.

Eines Tages kommt er mit seinem Fuhrwerk von Bielefeld zurück und hat auch die riesigen Holzschuhe an. Schon unterwegs kommt es ihm so vor, als wenn er einen Stein oder doch so etwas Unangenehmes im Holzschuh stecken hätte. Da er sie aber mit Stroh ausgefüttert hat und weil sie sonst recht gut an den Füßen sitzen, will er doch erst mal bis nach Hause fahren und da Nachschau halten. Und was findet er da? Einen riesigen Hausschlüssel von 18 Zentimeter Länge.

„Nu kiek doch es an!“ rief er hocherfreut aus, „dat Ding häff ick nou all fief Wiäken verluren un mott et nou in de Holsken wierfinden. Man soll't doch nich meinen!“

Eine Bärennatur

Sanitätsrat Zumwinkel hatte einen sehr gesunden Mutterwitz. Eines Abends wurde er zu einem Kranken gerufen, der in der Bauerschaft wohnte. Zunächst erkundigte er sich mal, was dem Kranken eigentlich fehle. Dabei erfuhr er, daß es sich um eine anscheinend recht seltsame Krankheit handele, denn man habe schon zwei Ärzte konsultiert, und beide konnten sich nicht so recht klar und einig werden.

„Wat? Twe Doktors hät de Mann all?" rief Zumwinkel erstaunt aus, „un nu willt Ji nao den dritten halen? De Mann mott je 'ne Bärennatur häbben!"

Flieger über Delbrück

Kurz vor dem ersten Weltkrieg nahm ich an einer Reserveübung im Sennelager teil. Die Wochen vergingen schnell und lustig, tagsüber waren muntere Gefechtsübungen in der prachtvollen Heidelandschaft, abends wurden in jeder der zahlreichen Baracken zu Bardengesängen und deftigen Witzen Fässer voll Bier getrunken. Fast jeder Reservist hatte für die zweiwöchige Übungszeit einige Goldstücke mitgebracht und verzehrte sie, obgleich ein Liter Bier nur zwanzig Pfennig kostete. Ich habe es nie begreifen können, daß Dilettanten des Lebens damals den Spruch erfunden haben: „Der liebe Gott erschuf im Zorn das Sennelager bei Paderborn."

Nur die beiden Sonntage waren für uns Junggesellen sterbenslangweilig. Dann bekamen nämlich die Reservisten und Landwehrmänner Besuch von ihren Bräuten und Frauen und spazierten mit ihnen durch die Heidelandschaft. Da hing am Wochenende im Wintergarten des Hotels Temme ein handgeschriebenes Plakat: „Flieger über Delbrück! Der bekannte Flugzeugkonstrukteur Humann aus Westenholz wird Sonntag nachmittag um 3 Uhr im selbstgebauten Flugzeug dreimal um den Delbrücker Kirchturm fliegen. Eintritt 50 Pf."

Das Fliegen erregte damals Aufsehen, im selbstkonstruierten Flugzeug war es eine Sensation. Dazu kam noch, daß man so den Nachmittag besser herumkriegen konnte, daß Delbrück ziemlich nahe lag und das merkwürdige Plakat allerlei Unfug erwarten ließ. Wir waren auf jeden Fall pünktlich zur Stelle und fanden Hunderte von Zuschauern vor. Er herrschte die gespannte Atmosphäre eines großen Flugtages, gemildert durch die begründete Aussicht auf ulkige Intermezzos.

Zwischen zwei dicken Pappeln war ein Seil gespannt, das am linken Baum stark befestigt war und rechts über eine dicke Rolle lief, so daß es heruntergelassen oder strammgespannt werden konnte. In der Mitte des Seiles hing eine Art Flaschenzug, an dem der Flieger hochgezogen werden sollte. Denn es starteten ja nicht mehrere Flieger, sondern nur ein einziger Wagehals aus Westenholz, der seinen Gänsen etwa tausend große Flügelfedern ausgerupft und dann auf leichten Tragflächen von Bambusrohr befestigt hatte. Diese künstlichen Flügel hatte er durch eine sinnreiche Gummizug-Mechanik fest in der Hand und bereits erprobt. Einheimische verrieten uns voll Stolz, daß er vor einigen Wochen von einem hohen Heuhaufen bis an die nächste Kuhstalltür geflogen und dort allerdings verunglückt sei. Nachher habe sich aber ein Mechaniker aus Bielefeld auf dem Hofe einquartiert und lebe dort wie Gott in Frankreich. Mit seiner Fachkenntnis und Mithilfe sei das Flugzeug nun soweit entwickelt und verbessert, daß man unbedingt Höchstleistungen erwarten könne.

Na, wir wollten uns überraschen lassen und wurden es auch. Plötzlich erschien der kühne Konstrukteur mit angeschnallten riesigen Flügeln, deren Gänsefedern bereits durch Segeltücher ersetzt waren. Alle klatschten Beifall und riefen Hoch und Hurra. Der Flieger war nicht etwa in flottem Sportdreß, er trug eine Arbeitshose, eine Delbrücker Weste, die bis an den Hals zugeknöpft ist, und — Holzschuhe. Außerdem bebte er vor Aufregung und glich einem Sünder, der zur Richtstätte geführt wird. Nun wurde er mit dem Flaschenzug hochgehoben und hing an dem strammgespannten Seil wie ein Opferlamm zwischen Himmel und Erde.

Aber er hatte noch eine Galgenfrist. Ein Auto brauste heran und bahnte sich mit viel Getöse einen Weg durch die dichte Volksmenge, die schnell Platz machte, weil ein Offizier darin saß. Wir kannten ihn als reichen, übermütigen Reserveleutnant, der ebenfalls im Sennelager seine Pflichtübung absolvierte und wegen seiner tollen Streiche bereits berühmt war. Er reckte sich im Wagen hoch und rief: „Einen Moment bitte! Wir müssen in höherem Auftrag eine Aufnahme machen. Falls der Flug gut gelingt, werde ich dem Kriegsministerium Bericht erstatten und den Ankauf des Apparates für militärische Zwecke empfehlen."

Das Publikum war still vor Staunen. Es war so ruhig, daß man das Knipsen der Kamera hörte. Und dann kam der Flieger an die Reihe. Er schlug die langen Flügel gleichmäßig auf und nieder, er bewegte sich auch hin und her, aber er löste sich nicht vom Seil. Es war ein unbeschreiblich komischer Anblick, den ich nie vergessen kann. Alles wieherte vor Lachen. „Humann, flieg! Humann, flieg!!“ riefen die Leute. „Kerl, flieg doch! Dahinten steht der Kirchturm! Flieg doch los! Flieg doch eben hin!“

Der arme Flugkünstler quälte sich genug ab und verlor dabei einen Holzschuh. Junge Burschen warfen ihm den Holzschuh immer wieder zu, an die Beine, vor die Brust oder auf die Kehrseite. Der Flieger zog sich im Eifer zusammen, er krümmte sich förmlich und streckte sich lang, dabei platzte ihm hinten die Hose. Nun kreischten die Frauen, die Männer brüllten, das Gelächter schwoll zum Toben an. Nie in meinem Leben habe ich solch ein Lachen gehört. Ältere Leute wälzten sich auf dem Boden herum und hielten sich den Bauch fest, aber mit letzter Kraft krächzten sie noch: „Humann, flieg!“

Der unglückliche Flieger bat und flehte: „Laotet mi herunner!“ Aber keiner hörte darauf, alle hatten mit sich selbst zu tun und konnten nicht genug Atem zum Lachen holen. Am schlimmsten war der Mechaniker aus Bielefeld. Er ließ seinen Freund so weit zur Erde, daß er mit den Fußspitzen den Boden berühren konnte. Aber wenn er das tat, wippte er wie ein Riesenvogel hin und her und kam doch nicht los. Zuletzt wurden seine Arme müde, und er ließ die Flügel hängen. Brust und Kopf waren zwischen den Flügeln verschwunden, nur das breite Hinterteil mit der geplatzten Hose reizte zum Angriff.

Irgendein Rüpel fing an und schlug mit seinem Spazierstock drauf. „Kerl, willst du wull fleigen! Wi häfft di dat Geld betahlt, nu saßte auk fleigen!“ rief die tobende Bande. Und immer, wenn der Unglückswurm beim Hin- und Herwehen vorbeistrich, bekam er Hiebe auf seine beiden Delbrücker Schinken. Er fluchte und schrie und flehte um Erbarmen, bis einige Vernünftige dem grausamen Spiel ein Ende machten, ihn herunterließen und losbanden.

Da stand er nun wieder auf festem Boden, ein armseliger Idealist, mit einem Holzschuh, zerzaustem Haar und zerplatzter Hose, von fünfhundert Menschen verlacht. Boshafte Zuschauer gaben ihm Ratschläge, wie das Flugmodell zu verbessern sei, aber der Flieger rief ihnen auf Delbrücker Platt das berühmte Wort des Götz von Berlichingen zu und hinkte von dannen. Damit war der Delbrücker Flugtag zu Ende. Fast keiner der zahlreichen Zuschauer hatte Eintrittsgeld bezahlt und doch jeder für drei Mark gelacht.

Geisenstoffel

Vor dem Weltkriege war in Bornholte ein knickeriger Junggeselle unter dem Spitznamen Geisenstoffel bekannt. Er war so geizig, daß er sogar die Seife als sträflichen Luxus ablehnte und sich lieber ab und zu mit Sand abscheuerte. Weitere Körperpflege verabscheute er als weibliche Eitelkeit, und seine Anzüge fabrizierte er eigenhändig aus alten Guanosäcken.

So verbrachte er seine sparsamen Tage ohne aufregende Seitensprünge und kostspielige Exzesse. Nur wenn es dunkel geworden war, schlich er aus seiner erbärmlichen Hütte und begab sich zur nahegelegenen Wirtschaft, wo er demütig und geduldig wartete, bis Feierabend war.

Sobald der letzte Gast das Lokal verlassen hatte, begann für Stoffel die genußreichste Stunde des Tages. Dann durfte er mit stillschweigender Genehmigung des alten Papa Meermeier die Glasschale mit Drüppelbier austrinken, die unter dem Bierkran als Tropfenfänger stand. Außerdem goß er aus allen Bier- und Schnapsgläsern die schäbigen Reste in die leergetrunkene Schale, und wenn er dieses Sammelsurium aus Schnaps, Steinhäger, Boonekamp und Lagerbier langsam und genüßlich hinter die Binde goß, dann strahlten seine Augen in Verzückung.

Gewiß war er nicht poetisch veranlagt, der Geisenstoffel, sonst würde er mit Goethes Sänger ausgerufen haben: „O Trank voll süßer Labe! O wohl dem hochbeglückten Haus, wo das ist kleine Gabe!" Nein, nein, das sagte der Stoffel nicht, er leckte nur die Glasschale leer, sah den alten Papa Meermeier voll Dankbarkeit an und meinte voll Selbsterkenntnis: „Wann ick nich so gitzig wör, ick glaiwe, dann wör ick de gröttste Söüper int ganze Amt."

Das Gelübde

Vor einigen Wochen ist Onkel Franz von Wiedenbrück mit dem Fahrrad nach Gütersloh gefahren. Das Rad hatte er sich von seinem Nachbarn geliehen, weil er selbst zum Trampelklub gehört und alles zu Fuß abmacht. Als er nun seine Geschäfte erledigt hatte, kehrte er noch eben in der „Alten Heuwaage" ein, um einen Teil des Verdienstes in Bier und Doppelkorn anzulegen, ehe das Finanzamt darüber herfiel. Das Rad ließ er abgeschlossen vor der Tür stehen. Da standen noch mehrere.

In der „Alten Heuwaage“ war um diese Stunde ein Mordsbetrieb. Ein Stammgast erzählte gerade, daß vor einigen Jahren mal spät abends bei Glatteis ein schweres Lastauto von der Straße abgeglitten, über den Bürgersteig gefegt und in die „Alte Heuwaage“ eingebrochen sei. „Dicht vor der Theke blieb das durstige Ungetüm endlich stehen“, rief er aus, „ich wollte gerade bezahlen und hab es vor Schreck ganz vergessen!“ Der brave Mann schüttelte sich jetzt noch vor Entsetzen, wenn er an dieses Abenteuer dachte, trank seinen Steinhäger aus und schüttelte sich nochmals.

Natürlich folgte dieser Geschichte ein ganzer Rattenkönig von anderen Abenteuern und Episoden, alle wußten sie etwas, und alle tranken sie dabei, wie das seit der Beerdigung des Balkenbrandes so üblich ist. Onkel Franz fühlte sich ungeheuer wohl in dieser feuchtfröhlichen Gesellschaft, besonders als er noch einen lieben Geschäftsfreund aus Wiedenbrück traf, der mit dem Auto unterwegs war und auch keine große Eile hatte.

Bald vergaß er Ort und Zeit und auch sein Rad und fuhr mit seinem Freund Rudi im Wagen zurück. Er war zunächst ganz leichtbeschwingt, wenn man nicht beschwipst sagen will, aber bei Schalück fiel ihm plötzlich ein, daß er das geliehene Fahrrad vergessen hatte. Schnell stieg er aus und fuhr mit dem nächsten Autobus wieder zurück. Unterwegs machte er das Gelübde: „Wenn das Rad da noch steht, gebe ich heute abend noch zehn Mark für die Armen!“

Tatsächlich, das Rad stand da noch und die andern auch. Onkel Franz war so froh, daß er zunächst mal einen Korn als Dankopfer trank und dann noch einen, damit es ein Doppelkorn wurde. Dann aber fuhr er eilends heim, kehrte nirgendwo mehr ein, ging gleich zur Aegidienkirche, um die gelobten zehn Mark in den Opferstock zu werfen. Aber einen Zehnmarkschein hatte er nicht bei sich, nur Fünfer und Markscheine. Da trat der Versucher an ihn heran.

„Zehn Mark ist bei der heutigen Geldknappheit viel Geld“, brummte er vor sich hin, „fünf Mark ist auch allerlei, und wer die kriegt, der kann sich schon 'ne Menge Brot dafür kaufen.“ Er überlegte eine ganze Weile hin und her, dann warf er fünf Mark in den Opferstock, und fünf Mark steckte er wieder in die Brieftasche. Aufatmend ging er nach draußen, und da — war sein Rad weg. Während er schnöde sein Gelübde brach, war der böse Feind gekommen und hatte das Fahrrad geklaut. Ja, so geht das, Onkel Franz!

Friät-Wilm

Friät-Wilm war eins der großen Originale des Kreises Wiedenbrück. Seinen Spitznamen verdankte er seiner Lieblingsbeschäftigung. Er hatte aus der Bibel nur den Spruch behalten: „Der Mensch lebt nicht vom Brot allein", und den ergänzte er nach seinem Geschmack, daß man außer Brot auch alles andere aufessen müsse. Es kam ihm wirklich nicht darauf an, was er vertilgte, sondern wieviel ihm vor die Klinge kam. Und da er eigentlich nur beim Essen schwitzte, beim Arbeiten aber sehr gelassen zusehen konnte, war er ein verflixt teurer Kostgänger.

Als er einmal bei der Kartoffelernte half und in einer unbewachten Viertelstunde die ganzen Kartoffelstuten für zwölf Personen verschlungen hatte, wollte ihn niemand mehr bei der Arbeit haben. Auf alle Vorhaltungen, die man ihm wegen seiner Fresserei machte, bemerkte er mit philosophischer Ruhe: „Up de fetten Jaohre kumt de mageren, un dao mott'm wat tausetten können!"

Eines Tages bekam er einen fetten Braten von einer Dame, von der er es im Traume nicht erwartet hätte. Pastors Haushälterin wollte ihre Ziege außer Dienst stellen, weil sie keine Milch mehr gab. Sie übergab sie Friät-Wilm zum Schlachten und sagte: „Du kannst se ruhig upiätten, moßt mi aower dat Fell üöwerlaoten un'n Beddevüörlegger davon maken laoten." Friät-Wilm ging auf den Handel ein, er fraß die Ziege restlos auf und behielt nur das Fell übrig.

Mit diesem kümmerlichen Rest zog er nach Gütersloh zu einem Kürschner und sagte: „Hier is dat Fell van Pastors Juffer. Dat aolle Dier wull kiene Miälke mehr gieben, dao häff ick se upfriäten, un Se söllt hier'n Beddevüörlegger van maken." Der Kürschner lachte sich fast buckelig über diesen schnurrigen Auftrag. Aber die Haushälterin hätte nicht gelacht, wenn sie das gehört hätte, die wär' mit Friät-Wilm ganz anders umgegangen, denn sie hieß nicht umsonst Pastors Täddert.

Erdbeerbowle

In Bokel wurde auf einem Bauernhofe bei recht feierlicher Gelegenheit eine Erdbeerbowle angesetzt. Man hatte morgens nach dem Hochamt aus Rietberg beträchtliche Mengen Rhein- und Moselwein mitgebracht.

„Habt ihr auch Zucker genug?“ fragte Franz, der kutschierende Sohn des Hauses. „Der Wein ist heute meistens ein elender Surius, der nur mit Zucker genießbar wird.“ Ja, ja, es würde schon genügen, wurde ihm gesagt.

Abends wurde nun mit Eifer die Erdbeerbowle angesetzt. Zuerst kamen die Erdbeeren in die Terrine, dann Zucker aus der großen Tüte, dann sechs Flaschen Wein und wiederum Zucker in Hülle und Fülle.

Franz kostet. Scheußlich sauer! Finchen probiert, Mariechen probiert, alle probieren, das Zeug ist sauer, als wäre noch gar kein Zucker drin. Also noch einige Pfund Zucker hinein.

Plötzlich erbleicht Mariechen. „Kinder, das ist ja Grießmehl!“ ruft sie entsetzt.

Die Augenuntersuchung

Gottfried Niemeyer ist augenkrank und wird zum Kreisarzt in Beckum geschickt, um sich eingehend untersuchen zu lassen. Der Arzt verwechselt ihn beim Eintritt mit einem Kassenpatienten, den er schon längere Zeit wegen eines Darmleidens behandelt hat und dem er wegen seines üblen Benehmens nicht sehr gewogen ist.

„Ziehen Sie sich aus!“ befiehlt er kurz und ordnet etwas auf seinem Schreibtisch. Gottfried Niemeyer ist indessen starr vor Erstaunen und rührt kein Glied.

„Nun seien Sie doch nicht so langweilig und ziehen Sie sich aus!“ herrscht ihn der Doktor gereizt an.

Da tritt Gottfried Niemeyer zwei Schritte vor, funkelt den Kreisarzt mit knopfrunden Augen an und sagt: „Mein Herr, was denken Sie eigentlich, wo ich meine Augen sitzen habe?“

Damenwahl

In Vinnenberg ist großes Tierschaufest. Gegen Mitternacht bläst die Musik das Signal: „Täterätätä, Damenwahl!“ Sofort entsteht im Saal ein fröhliches Gedränge, und die tanzmüden Herren werden in die Arena geschleppt.

Ein verliebtes Mädel vom Beverstrang aber läuft in eiliger Hast nach draußen, sucht das verschwiegenste Plätzchen des ganzen Festplatzes auf und klopft energisch an die Tür mit dem üblichen herzförmigen Ausschnitt: „Anton, nu mak doch raske tau“, ruft sie drängend, „es is je Damenwahl!“

Kunst

Im alten Abteigebäude des Klosters Marienfeld wohnte Graf Merveldt. Er war ein sehr eifriger Sammler von Altertümern und hatte die zahllosen, zum Teil antiken Sachen in den riesigen Räumen außerordentlich geschmackvoll aufgestellt. Nebenbei war er Porträt- und Landschaftsmaler.

In der Zeit der Zwangswirtschaft ging der Graf auf den Kartoffelhandel, konnte aber mit dem Bauern, der ihm die Kartoffeln liefern wollte, nicht über den Preis einig werden. Schließlich wurde der Bauer fuchtig und sagte: „Dann mött Ji sölwst Tuffeln tüchten, dat wör auk biätter; aolle Schränke anstrieken und Beller maolen kann jeder!“

Hosenträger

Onkel Karl hat einen sehr pfiffigen Sohn. Der kleine Bengel merkt aber auch alles und weiß sofort eine passende Bemerkung. Als der Vater bei dem heißen Wetter eine recht kurze Unterhose anzog und der kleine Heinz noch im Bett den befohlenen Mittagsschlaf absolvieren mußte, krähte der dreijährige Püngel: „Oh, Pappi, wie siehste nun aus! Jetzt kannste auch in'n Mütterverein geh'n!"

Ja, die Hose spielt eine große Rolle im Haushalt, es kommt sehr darauf an, wer sie anhat und das Regiment führt. Aber auch sonst! Da fuhr vor Jahren, als die Knaben schon frühzeitig lange Hosen trugen, eine Frau mit ihrem Jungen und der Oma mit der Westfälischen Landeseisenbahn; sie wollten am Fahrkartenschalter zwei Karten und ein Kinderbillett haben.

„Kinderbillett?", sagte der Beamte erstaunt und zweifelnd, „der Junge trägt ja schon lange Hosen!" Da mischte sich die Oma energisch ein und rief: „Wenn't dao drupp ankümp, dann brouke ick üöwerhaupt kien Billett!"

Eines Tages stand Onkel August am offenen Kammerfenster in Hemd und Hose, sah in den Mairegen hinaus, schnupperte voll Behagen die prachtvolle Luft, die nach frischem Blattgrün und würzigem Wiesengras duftete, und ahnte nicht, daß er vor dem Frühstück noch zwei Hosen naß machen würde. „De Wiäcke fäng je gut an", sagte er zufrieden, „jüst düssen Riägen häfft wi so naidig äs de Miälke för't Kind!"

Und doch hatte sich der gute Onkel zu früh gefreut, denn eben hatte er sich mit dem angefeuchteten Zeigefinger den Schlaf aus den Augenwinkeln gewischt, da sah er seine Kuh Laura mitten im dunkelgrünen Weizen stehen und mit riesigem Appetit fressen. „Laura, du Aos, geihste wäg!" brüllte er durch den sanften Mairegen, aber das Rindvieh ließ sich nicht stören.

Da stieß August einen so lästerlichen Fluch aus, daß seine Frau sich vor Entsetzen am Mantelstock festhalten mußte, und lief, so wie er war, nach draußen. Er hatte noch nicht viel angezogen, darum konnte auch nicht viel naß werden, höchstens er selbst, sein Hemd, seine Hose und die rechte Socke. Die linke lag noch oben vor dem Bett.

Zunächst versuchte er Laura aus dem Weizen zu verscheuchen und machte dazu einen Krach wie sieben Treiber auf der Hasenjagd. Aber Laura kehrte nicht reumütig in ihren Stall zurück, nein,

nein, das tat sie nicht, sondern sie stellte ihren Schwanz steil auf Sturm und galoppierte zunächst mal in das Nachbarfeld. Onkel August schnell hinterdrein. Die regenschweren Halme schlugen ihm bis an die Knie, und das Wasser lief an der Hose herunter wie vom Regenschirm bei Platzregen.

Das Rindvieh Laura aber lief Gott sei Dank in eine Sackgasse, und als sie vor sich nur Stacheldraht und hinter sich den wütenden Hausherrn hatte, machte sie eine wuchtige Kehrtwendung und raste in wilder Karriere zum Stall zurück. Kaum hatte Onkel August sich abgetrocknet, ein neues Hemd und eine andere Hose angezogen, da rief seine Frau von unten in höchster Not: „August! August! Nu kum doch rask! Nu sind de beiden Kalwer in'n Wäiten to äösen!" Da hat der sonst so brave Onkel August geflucht, wie nur Marktweiber und Viehtreiber fluchen können, aber es half ihm nichts, er mußte nochmals hinaus in die triefende Nässe.

„Nu kann mi de ganze Riägen stuohlen bliewen!" schimpfte er, als er die dritte Buxe anzog, aber er hörte bald auf, weil er das Unglück selbst verschuldet hatte, als er die Stalltür nicht ordentlich zugemacht hatte.

Ein Geschäftsbrief

Schneider Wupp ist für den Fortschritt, für Fortschritt um jeden Preis. Aus seinem kleinen Laden macht er deshalb einen Modesalon, die Schneiderstube oben im Dachgiebel wird zum Atelier für feine Herrenbekleidung, und die Rechnungen und Briefbogen machen, solange er sie noch nicht beschrieben hat, einen verflixt noblen Eindruck.

Nun bezahlte der Kaufmann Pöttering neulich seine Schneiderrechnung und gab dem Lehrling, der das Geld brachte, einen Brief mit, in dem er anfragte, ob sonst vielleicht noch ein Posten offen stünde.

Schneider Wupp sah kopfnickend in sein Hauptbuch, nahm einen tadellosen Briefbogen und beschrieb ihn folgendermaßen: „Sehr geehrter Herr Pöttering! Im Besitze Ihres Allerwertesten teile ich Sie mit, daß Ihre letzte Hose leider noch offen steht, aber es eilt ja nicht, es genügt mich bis Ostern."

Zwischenrufe

Als die Schmiedemeister des Kreises Wiedenbrück mal zusammenkamen, um über die hohen Eisenpreise, die schlechte Kohlenbelieferung und das habgierige Finanzamt nach Herzenslust zu schimpfen, da waren sie sich nach einer halben Stunde schon einig, daß es so nicht weitergehen könne und Abhilfe geschafft werden müsse. Aber wie?

Der Vorsitzende schlug vor, einen Ausschuß zur Regierung zu schicken, der die Interessen der Schmiede vertreten und ihre berechtigten Forderungen durchdrücken solle. Meister Hermann saß in der fünften Reihe und knurrte mißmutig: „Hm, hm! Kein Ausschuß, nur kein Ausschuß!" Als man nicht auf ihn hörte, schwenkte er seinen rechten Arm, und als man das nicht sah, sprang er auf und rief empört: „Nur kein Ausschuß! Düftige Leute müssen da hin, die 'n Wort riskieren! Aber nur kein Ausschuß!"

Familienzwist

Wenn jemand zwei verbissene Streithämmel miteinander versöhnen will, so ist er in den meisten Fällen gelackmeiert. Das weiß jeder Schiedsmann, der dieses unangenehme Geschäft berufsmäßig ausüben muß, auch wenn er es noch so gut meint. Aber auch Tante Mariechen weiß es seit acht Tagen, und seitdem hinkt sie, hat eine dick angeschwollene Nase und liegt mit scheußlichen Kopfschmerzen in ihrem Bett.

Tante Mariechen hat auf die Männer nie so tiefen Eindruck gemacht, daß einer von ihnen alles vergaß und mit ihr zum Standesamt und Traualtar eilte, aber ihre beiden Schwestern Klärchen und Aenne sind verheiratet. Wenn Tante Mariechen in stillen Stunden an diese Schwestern und ihre Männer denkt, dann faltet sie die Hände über dem Magen und seufzt: „Nicht heiraten ist besser!"

Aber so schlimm sind die beiden gar nicht. Der Willi ist sogar ein ganz ulkiger Junge, nur der Albert nimmt das leicht übel und ist dann ein sturer Dickkopp. Zum Krach kam es zwischen den beiden, als sie alle vier sich auf einer großen Kirmes trafen. Da hatte sich Albert eine Portion Schmorbraten mit Kartoffeln und Salat bestellt und war gerade nicht am Tisch, als der Kellner die Mahlzeit servierte. Willi aß das Fleisch schnell mit vier Happen auf und wischte sich gerade den Mund ab, als sein Schwager zurückkam.

„Wat mäckste dao?" fragte Albert, und sein Dickkopp wurde dunkelrot. „Nu stell di nich so wild an. Albert, et is je män bloß Spaß!" rief Willi schnell, aber der andere hatte bereits zwei Salzkartoffeln vom Teller gegriffen und warf sie dem Räuber so wuchtig ins Gesicht, daß die Fetzen nach allen Seiten spritzten. „De Tuffeln kannste auck friätten, de gehört derbi!" knirschte er zornig.

Da nahm Willi sein Bierglas und goß dem Schwager den ganzen Rest an den roten Kopf. Im nächsten Moment hatte Willi den Teller mit Salat auf dem Schlips, daß ihm die Soße in die Weste lief. Damit war das gemütliche Beisammensein beendet, es fragte sich nur noch, wer das Essen bezahlen sollte.

Natürlich blieb Willi darauf hängen, denn der andere hatte das Lokal schnell verlassen, und außerdem hatte Willi das Fleisch im Magen, die Kartoffeln im Gesicht und den Salat auf dem Schlips, er hatte wirklich das meiste mitgekriegt und er mußte deshalb daran glauben. „Wilhelm tell!" heißt es ja auch.

Als Willi mit seiner Aenne nach Hause fahren wollte, standen Albert und Klärchen mit ihren Rädern an der Straßenecke. Willi machte seinem Schwager eine lange Nase, und Albert streckte ihm die Zuge heraus, das war der Abschied. Die beiden Familien waren sich spinnefeind, bis die beiden Schwäger zufällig zusammengerieten und Willi eine Flasche Doppelkorn auf den Tisch stellte. Da wurden die Männer wieder dicke Freunde, und nur die Frauen konnten den Dreh noch nicht so schnell kriegen.

Tante Mariechen entschloß sich daher, die beiden Schwestern zu versöhnen. Sie lud sie zu Kaffee und Kuchen ein, und beide Delikatessen wirkten ungemein beruhigend auf den Besuch. Aber dann fragte Klärchen plötzlich ihre Schwester, wie sie die Salatflecken aus dem Schlips entfernt hätte, das sei doch sicher nicht so einfach gewesen.

Nein, das durfte nicht kommen, das war zuviel für Aenne. Sie wollte beschwörend die Hände erheben, hatte aber ganz vergessen, daß sie ihren Daumen vor Aufregung durch den Henkel der Kaffeetasse gedrückt hatte. Nun flog die Tasse mit hoch und landete samt ihrem Inhalt auf Klärchens Schoß. Klärchen sprang auf und haute Aenne eine Ohrfeige herunter, daß die Backzähne wackelten.

Da wurde auch Aenne zur fauchenden Hyäne und griff vor Wut in Klärchens frische Dauerwellen. Gesprochen wurde nicht viel, aber es klatschte nur so auf beiden Seiten. Plötzlich wälzten sich die beiden Kampfhühner auf dem Teppich und drohten den Kaffeetisch umzureißen.

Tante Mariechen versuchte als älteste der drei Schwestern durch milde Reden vergebens die wilden Wogen der Erbitterung zu glätten. Da bekam sie einen Schub gegen die Füße und fiel mitten unter die keuchenden Ehefrauen.

Und nun geschah das Gräßliche: Klärchen sah plötzlich Mariechens Rückenverlängerung in passender Entfernung vor sich, und da sie sie für ein Stück Aenne hielt, drosch sie mit geballter Faust wie

ein Schmied mit dem Vorhammer drauflos. Aenne dagegen schlug in blindem Zorn auf Mariechens unschuldige Nase los, und da die beiden Kämpfenden bei aller Prügelei merkwürdigerweise selbst nichts abkriegten, blieben sie munter am Dreschen, bis die harmlose Friedensstifterin unbeweglich wie ein Postpaket mit blutender Nase und lahmem Bein auf dem wüsten Schlachtfeld lag.

Ich denke, wir lassen sie ruhen, bis ihre Nase und das linke Bein wieder in Ordnung sind. Sprechen wir inzwischen mal von Onkel Hannes, der auf dem letzten Tierschaufest arg bekleckert wurde. Nicht von irgendeiner prämiierten Kuh oder einem Siegerbullen, sondern viel origineller durch ein Patent seines Freundes Heini.

Die beiden Freunde hatten den ganzen Tag zusammen gebechert. Da sie beide kein Vieh haben und deshalb auch nichts ausstellen konnten, waren sie eigentlich nur zu ihrer eigenen Belustigung und zur Freude des Festwirtes erschienen. Schon mittags beim traditionellen Festessen krähte Hannes wie ein prämiierter Minorkahahn.

Nachmittags erholte er sich etwas, aber bei Anbruch der Dunkelheit war er wieder ganz groß in Fahrt. Er saß mit dem Hut auf dem Kopf auf seinem Brettstuhl und hielt Reden wie ein Abgeordneter vor der Wahl. Und da kommt der Heini her und klemmt ihm einen Christbaumkerzenhalter hinten auf den Hutrand. Als der unermüdliche Redner nichts davon merkte, steckte er auch die brennende Weihnachtskerze hinein.

Wenn nun der Hannes begeistert den Kopf nach rechts wirft, fliegen die Stearintropfen mit Schwung auf die linke Schulter, schaut er mit einem Ruck nach links auf seine lachenden Zuhörer, dann sausen die Talgdrüppel auf die rechte Schulter. Wirft er aber energisch den Kopf in den Nacken, dann kleckert alles auf den breiten Rücken. Das Publikum brüllt vor Lachen, nur der Redner merkt nichts, bis die Kerze aufgebrannt und alles verspritzt ist.

Auch Onkel Heinrich merkte nichts, als er von seinem Freund Gustav zum Abendessen eingeladen war. Es war so eine nachbarliche Stippvisite, und Heinrich wunderte sich, daß es ein warmes Abendessen gab. Und was für eins! Wie auf einer Hochzeit! Zuerst eine Suppe, die zwar einen etwas merkwürdigen Beigeschmack hatte, aber sehr scharf und pikant war. Onkel Heinrich aß mit Behagen zwei große Teller leer.

Dann kam ein Braten, der die ganze Schüssel füllte. Onkel Heinrichs Frau war das gleich verdächtig, weil ganz in der Nähe eine Pferdemetzgerei liegt und das Fleisch als Sauerbraten zubereitet war. Sie nahm nur wenig, aber Heinrich aß für drei. Auf dem Heimweg stöhnte er vor Leibschmerzen, es lautete beinahe, als wenn er gewiehert hätte.

Späte Heimkehrer

Gott ja, es ist nie schlimm gemeint, wenn Karlchen abends zu spät nach Hause kommt. Er will immer schon um acht Uhr oder spätestens um neun aufbrechen, aber nur der Geist ist so willig, das Fleisch bleibt beharrlich sitzen, bis der Wirt Feierabend macht. Dann schleicht Karlchen still und leise immer an der Wand lang, heimwärts von der Bummelreise immer an der Wand entlang über die Lange Straße zu seiner holden Thea.

Einmal war das Fleisch ganz zu schwach gewesen, die Turmuhr von Ägidii schlug schon zwei, als Karlchen vorsichtig die Haustür aufschloß und noch leiser nach oben schlich. Es ist merkwürdig, daß die meisten Männer sich in dieser Situation völlig verändern. Vorher, im Kreise munterer Gesellen, gaben sie an, sie brauchten keinerlei Rücksicht zu nehmen, könnten tun und lassen, was sie wollten. Aber in der dunklen Einsamkeit des Treppenhauses fällt aller Hochmut von ihnen ab, und sie werden schüchtern und mutlos wie kleine Kinder.

Als Karlchen ins Schlafzimmer trat und das Licht anknipste, drehte Frau Thea sich um. Darum wollte Karlchen schnell den Zuvorkommenden spielen, setzte sich auf die Bettkante, schob den Kinderwagen vorsichtig hin und her und sang mit etwas unsicherer Stimme ein altes Wiegenliedchen dazu. Es sah einfach rührend aus, wenn man bedachte, daß der brave Ehemann unter seinen Freunden als vergnügte Seele oder als feierlich veranlagt galt.

Zweifellos hatte er sich selbst nicht allzuviel dabei gedacht, aber sein Gesicht wurde doch noch zwei Zoll länger, als er Frau Thea nach fröhlichem Lachen zwitschern hörte: „Laß das nur sein, Männe, das Kind liegt hier bei mir im Bett."

In guter Gesellschaft

Dem Dombaumeister von Manger, der viele Kirchen im mittleren Westfalen gebaut hat, passierte es zuweilen, daß er sich in gemütlicher Stammtischgesellschaft, im sogenannten „Lästerklub", verspätete. Er konnte eben „den Dreh nicht kriegen", wie so viele sonst ganz brave Ehemänner.

Frau von Manger sah das durchaus nicht gerne und wartete am Fenster auf ihren unpünktlichen Gefährten. Aha, da hörte sie ihn kommen. Nach den Schritten zu rechnen, waren es sogar zwei Herren, und die Frau zog sich diskret vom Fenster zurück, damit sie nicht gesehen wurde. Aber sie hörte ganz deutlich die Abschiedsworte und wie ihr Mann verbindlich sagte: „Gute Nacht, Herr Kaplan, gute Nacht, hat mich sehr gefreut!“

Na, die Frau war wenigstens befriedigt, daß der späte Heimkehrer sich in guter Gesellschaft befunden hatte. Sie ahnte gar nicht und hat es nie erfahren, daß ihr immer ein kleines Theater vorgespielt wurde. Von Manger war nämlich stets allein, aber er konnte trippeln, als wenn zwei daher gingen, und die freundlichen Abschiedsworte sprach er auch nur so in die leere Luft. Aber sie erfüllten ihren Zweck.

Fuchs, du hast den Franz gestohlen

Ein munterer Gesangverein hatte einen sehr gemütlichen Abend veranstaltet und dabei die Vereinskasse erleichtert. Der Dirigent hatte an diesem Abend nicht viel zu sagen, alle Mitglieder sangen nach eigenem Wunsch und anscheinend auch nach eigenen Noten. So kam es, daß der Meister seinen Taktstock in die Tasche schob und sich nur mit Freibier abgab.

Das war er eigentlich gar nicht gewohnt. Sonst bekam er nur in der Pause ein oder höchstens zwei Glas Bier und eilte gegen elf Uhr im Geschwindmarsch nach Haus. Nun sollte er immer weiterkneipen und gar nicht fortgehen. Das bekam ihm auf die Dauer sehr schlecht, und als er gegen Mitternacht mal mit zwei Sangesbrüdern zum Hof ging, da stand doch draußen tatsächlich seine Frau auf der Lauer, schnappte ihn und wollte ihn mit Gewalt entführen.

„Franz, laot di dat nich gefallen!“ riefen die beiden Sänger empört, „waochte män, ick hale Hölpe!“ Sie liefen in den Saal zurück und alarmierten den ganzen Verein: „De Frau will usen Dirigenten wäghalen!“ Alle vierzig Sänger stürmten auf den Hof, um ihren Häuptling zu befreien. Aber es war schon zu spät. Die Frau hatte nicht nur rotes Haar und war schlau wie ein Fuchs, sondern hatte auch Kräfte wie ein Preisboxer. So blieb den Sangesbrüdern nur das Nachsehen, und sie sangen vor Wut: „Fuchs, du hast den Franz gestohlen, gib ihn wieder her!“ Aber es hatte keinen Erfolg mehr, der Fuchs hielt seine Beute fest und brachte sie ins Nest.

Möhrchen

Tante Anna hat kein rotes Haar, sie überläßt es ihrem Friseur, was er daraus macht. Sie hat auch keinen Mann, sondern hält statt dessen ein pechschwarzes Katzenvieh, das Möhrchen heißt und auf Schränken und Gardinenstangen herumturnt. Zuweilen singt Möhrchen auch in wehmütigen Klagetönen wie der Geiger einer ungarischen Zigeunerkapelle.

Nun war Tante Anna zu einem Kaffeeklatsch eingeladen. Wo sollte Möhrchen so lange bleiben? Alle ihre Bekannten hatten entweder Hunde, die Katzen beißen, oder Kinder, die Katzen quälen. Kurz entschlossen band die gute Tante dem Möhrchen eine besonders flotte Schleife um und packte es in ihre große Tasche mit Reißverschluß.

Aus Rücksicht auf das Katzenvieh nahm sie eine Fahrkarte zweiter Klasse und saß auch ganz allein im Abteil. Sie zog den Reißverschluß etwas auf und ließ Möhrchen nach draußen schauen. Aber plötzlich quetschte sich das Biest ganz aus der Tasche und turnte im nächsten Moment oben im Gepäcknetz umher. Da kam auch schon ein Schaffner und wollte die Fahrkarten revidieren. Während er das Billett nachsah, zupfte ihm Möhrchen oben aus dem Gepäcknetz an der Mütze. „Na, erlauben Sie mal!“ rief der Schaffner empört, „das ist Beamtenbeleidigung. Sehen Sie nur zu, daß das Biest nicht an die Notbremse geht — ei weih, da hängt es schon dran! Gehste weg, du infamer Bolzen! Wenn der Zug nämlich stehn bleibt, das kostet ganz anständigen Zaster! Das kann ich Ihnen flüstern!“

Tante Anna fing ihr Möhrchen wieder ein und setzte es hinter Schloß und Riegel. Kurz nach Mitternacht kam sie zu Hause an und ließ das Katzenvieh unten im Hausflur frei laufen. Nun war aber unten im Haus zufällig Besuch von einem Herrn, der seinen Jagdhund mitgebracht hatte. Als dieser Möhrchen miauen hörte, fegte er im Dunkeln auf die Katze los, die Katze flüchtete unter die Tante, der Hund raste hinterdrein und jaulte, weil ihm die Schnauze zerkratzt wurde. Als die Hausbewohner kamen, saß Möhrchen oben auf der Garderobe, der Hund hatte vor Wut alle Mäntel von den Haken gerissen, und die Tante lag ohnmächtig auf dem Kokosläufer.

Die falschen Taler

Der alte Amtmann Rohden war weit und breit als witzig und immer schlagfertig bekannt und gerade deshalb in allen Kreisen der Bevölkerung außerordentlich beliebt. Da kam eines Sonntags nach dem Hochamt — Amtmann Rohden hielt nämlich auch sonntags zur größeren Bequemlichkeit seiner Leute Bürostunden ab — also da kam eine ältere Bauersfrau und wollte eine Kleinigkeit bezahlen. Der Amtmann mußte neun Mark herausgeben und sagte mit ganz ernsthafter Miene zu der Frau: „Wochtet 'n Augenblick, ick häff gerade kien klein Geld, ich mott iäbens wat maken."

Dann ging er in die Küche, legte drei Taler in die Pfanne und ließ sie recht heiß werden. Nach einigen Minuten kam er zu der Frau zurück und brachte die warmen Geldstücke auf einem Porzellanteller mit. „Kumm hier, Kattrin, dao sind drei Dahlers, se sind nao ganz häit."

Die Frau sah die blanken Dinger recht mißtrauisch an, ließ sie aber doch schließlich in ihrer Tasche verschwinden mit dem Bemerken, sie wolle sie schon los werden. Zu Hause und unterwegs erzählte sie aber als letzte Neuigkeit: „De Amtmann hät gut liäben, de mäck sick dat ganze Geld sölwst."

Das Wollknäuel

Die Dreimäderlhaus-Operettengesellschaft erster Berliner Bühnenkünstler spielte in einem größeren Dorfe des Kreises Halle „Die lustige Witwe". Natürlich vor vollbesetztem Hause. Alles schwelgte in den erfolgreichen Walzermelodien Franz Lehárs. Nur Natz Ossenbrink rollte unterdessen eifrig einen Wollfaden auf, den er gerade vor seinem Platz auf der Erde gefunden hatte. Wolle ist ein teurer Artikel geworden, und man soll das Gute nehmen, wo man es findet.

Merkwürdig war's nur, daß der Wollfaden gar kein Ende nahm. Darüber wunderte sich sogar Natz Ossenbrink, der doch sonst das Seltsamste so gelassen hinnahm, wie man ein Regenwetter über sich hingehen läßt. Er stieß seinen Nachbarn Krumtünger an und raunte ihm ins Ohr, daß er nun schon während des ganzen zweiten Aktes einen Faden aufwickle, der einfach nicht aufhöre. Er zeigte ihm auch das respektable Knäuel, das er bereits erbeutet hatte und das er seiner lieben Frau Anna mitbringen werde. Auch Krumtünger wunderte sich nicht wenig über diesen eigentümlichen Fund.

Auf einmal hörten die beiden, wie eine dicke Frau, die gerade vor ihnen saß, zu ihrer Nachbarin sagte: „Ei, et wät mi doch so kaolt an de Beene, und ick häff mi doch 'ne ganz nigge gestrickte Unnerbüxe antrocken. Et is mi grade, as wenn ick de verluren hä."

Der schöne Seidenpinscher

Frau Amtmann ist jung verheiratet und gewiß verliebt in ihren Mann. Sie ist sogar stolz auf ihn, aber beinahe noch stolzer ist sie auf Fiffi, ihren kleinen Seidenpinscher. Man sieht die Frau Amtmann wohl nie ohne dieses zierliche Vieh.

Als sie ihr Mädchen eines Tages zum Markt schickt, bindet sie Fiffi ein blaues Schleifchen um und läßt den Köter mitlaufen.

„Hat Fiffi auch überall Furore gemacht?“ fragt sie stolz, als das Mädchen heimkommt. — „Aber gewiß“, sagt das Mädchen, „beinahe an jedem Baum!“

Zur Beruhigung

Als die Niederdeutsche Bank zu wackeln begann und beängstigende Gerüchte kursierten, kam ein Landwirt zur Filiale der Bank und verlangte seine fünftausend Mark zurück. Der Kassierer war in den letzten Tagen derartiges gewohnt geworden und zahlte sofort die Summe in Gold und Banknoten auf das Zahlbrett.

Der Bauer zählte sorgfältig nach und schob dann das Brett mit seinem Geld wieder zurück mit den Worten: „Nu leggt dat Geld män wier wäg, ick wull bloß säihen, off't auck nao alle dao wör.“

Beruhigt zog er wieder nach Hause. Drei Tage später kam der große Bankkrach.

Dat Beste

Der alte Amtmann Rohden in Verl hatte sich fast die Seele aus dem Leibe geredet, um die Mitglieder der Gemeindevertretung davon zu überzeugen, daß die neue Schule unbedingt gebaut werden müsse. „Meine Herren, Sie müssen es doch einsehen“, rief er aus, „daß ich nur Ihr Bestes will!“ Allgemeine Stille. Keiner antwortete, aber allen standen die Lippen so, daß unbedingt ein energisches „Nä!“ zu erwarten war. Da fuhr der alte Krümpelmann mit dem dicken Zeigefinger hinter seinen Hemdkragen und machte sich Luft zum Reden. „Dat is't ja, Herr Amtmann“, sagte er mit fürchterlicher Ruhe. „Se willt dat Beste häbben, und wi willt dat Beste gärne behaollen!“

Die Gebehochzeit

Hochzeiten sind besonders bei der Landbevölkerung immer ungeheuer volkstümliche Festlichkeiten gewesen, bei denen man mit allen möglichen Verwandten und Bekannten zusammentraf und sich „rundum sattessen“ und müde tanzen konnte. Da kein Gast gerne mit leeren Händen erscheinen wollte, hatte sich schon bald die Sitte eingebürgert, dem Brautpaar zur Bestreitung der Unkosten ein angemessenes Geldgeschenk zu geben. Das erschien allen Vernünftigen praktischer, als Waschnäpfe, Gipsfiguren, Tortenschüsseln oder Kuchengabeln mitzubringen, die in solcher Menge ja gar nicht zu verwerten waren.

Geld können Anfänger aber immer gut gebrauchen, und zur Einrichtung eines neuen Haushalts gehört sogar viel Geld. Darum luden gerade die Brautpaare, die am wenigsten hatten, die meisten Gäste ein. Vor dem ersten Weltkriege waren auf dem leichten Sandboden Hochzeiten mit dreihundert Gästen keine Seltenheit. Der Wirt konnte dann ruhig sechs Zentner Fleisch parat halten, denn die meisten Hochzeiter erschienen mit leerem Magen und verzehrten erhebliche Mengen.

In der Nähe von Gütersloh kam ein Reisender in ein Haus und fand nur die Kinder vor. „Is Papa nao de Hochtied?“ fragte er. „Ick glaiwe nich“, sagte der älteste Junge, „he hät van muorn nao wat giätten!“ — Oft mischten die Gäste vor dem Mittagessen ein Bierglas voll Schnaps mit viel Senf und Pfeffer und tranken es reihum als appetitanregende Mischung leer. Es war aber durchaus nicht nötig, denn es gab genug Männer, die ohne Aperitif zwei Pfund Fleisch verdrückten.

„Vandage is't kaolt, dao frätt sick scharp!“ sagte der alte Kleinesettertombülte und legte fast das ganze Rindfleisch auf seinen Teller. Und wenn die Mädchen nicht recht zulangen wollten, sagten die andern: „Wicht, nu pack doch in, dann sitt di de Rock wacker!“ Der alte Maskerstingjohänner, der auf Hochzeiten immer im steifen Staat erschien und seinen Mantel statt Covercoat „Cowertikoh“ nannte, pflegte zu sagen: „Essen und Trinken hält Leib und Seele besser zusammen als eiserne Bänder!“

Die Speisefolge bei dieser Massenabfütterung war fast stets die gleiche: Fleischbrühe mit Einlage, Rindfleisch mit Zwiebelsoße und Kartoffelsalat, Kalbsbraten mit Erbsen, Schweinebraten mit Kompott und Pudding. Die Wirte nahmen im Amte Verl noch zwischen den beiden Weltkriegen für Mittagessen, Nachmittagskaffee und warmes Abendessen 3,50 bis 4 Mark. Die Getränke mußte jeder selbst bezahlen. Wenn die Gäste wenigstens fünf Mark gaben, behielt das Brautpaar genug übrig, um eine schöne Küche mit allem Zubehör zu kaufen. Häufig langte es auch noch für Kinderwäsche, und der Storch nebst Kinderwagen stand vom Polterabend her schon oben auf dem Dach.

Vor der Jahrhundertwende gab es in der Verler Gegend noch sogenannte „Kuchenhochzeiten". Das waren Hochzeiten zweiter Garnitur, bei denen es morgens, mittags und abends Streuselkuchen mit Kaffee gab. Nach dem Mittagskuchen gingen die Männer dann durch die Dorfkneipen und suchten durch Rollmöpse, Bratheringe oder Leberwurst ein solides Fundament im Magen zu schaffen. Die Hochzeitsbitter gaben damals immer an, ob man zu einer Kuchenhochzeit oder zu einer Fleischhochzeit eingeladen wurde.

Nun war da mal ein junger Bräutigam in Österwiehe, der besonders viel Geld schrappen wollte und die Hochzeit deshalb auf seinem Kotten hielt. Er räumte die Tenne aus und baute noch ein kleines Zelt davor, dann lud er zweihundert Gäste ein. Aber am Hochzeitstage regnete es in Strömen, und es kamen nur die nächsten Anverwandten. Als um ein Uhr noch nichts auf dem Tisch stand, knurrten die zwanzig Gäste nicht nur mit dem Magen, sondern auch sonst recht laut. „Franz, nu sett maol wat up'n Disk! Laot us anfangen!" riefen sie halbverhungert. Aber der Bräutigam hatte gesunde Nerven und schimpfte: „Ick will mi wull wahren, ick häff nu all Schaden genaug!"

*

Bei regulären Hochzeiten ist die Verdauungspause nach dem Mittagessen für viele langweilig, für die älteren Damen und Herren aber die ruhige Plauderstunde. Das Brautpaar geht zum Photographen, die Musikanten essen und lassen sich dabei nicht stören, die Gäste nehmen Tapetenwechsel vor und schlendern durch andere Dorfkneipen. Dann werden Döhnkes erzählt und Erlebnisse vom vergangenen Polterabend.

Dem Schellenjürgenhumperts Jöppken ist es mal wieder zu spät geworden, und das darf er sich bei seiner Frau nicht erlauben. „Dat glaiwe ick wull", stimmt der alte Jürgenkrähenwinkel lebhaft zu, „dine Moder hät auck Haore up de Tiäne, sücke lange!" Er zeigt etwa zwei Zoll. Alle lachen, aber dann geht Jöppkens Geschichte weiter. Er ist also nach Mitternacht heimgetrudelt und unterwegs immer sehr mutig gewesen. Aber vor der Haustür wurde das anders. Da ließ er die Flittken hängen und wollte verzagen. Doch plötzlich raffte er sich zusammen, spuckte in die Hände und rief: „So, nu rin in't Gewitter!"

Der alte Füchtenschniedershemke wurde von zwei Nachbarn nach Hause gebracht. Vor der Haustür ließen sie ihn los — bumms, lag er da. Seine Frau riß das Fenster auf: „Heinerich, häfft se di anpacket?" — „Nä, Stina, se häfft mi loßlaoten!" rief er zurück.

*

Am Nachmittag beginnt das Tanzvergnügen und hört an diesem Tage nicht wieder auf. Zwischendurch geht jeder Gast in das kleine Nebenzimmer, um sein Geschenk abzuliefern. In diesem Zimmer sitzen drei Männer, meistens die nächsten Verwandten des Brautpaares. Einer kassiert die Geldspende ein und legt sie in eine Suppenterrine, der zweite schreibt den Namen des Spenders und die Höhe der Summe in eine Liste und der dritte kredenzt zur Belohnung einen Schnaps.

Das Brautpaar nimmt zum Schluß das Geld und die Liste mit. Werden sie später mal zu einer Hochzeit eingeladen, so schauen sie in der Liste nach, was der Bräutigam damals ihnen gegeben hat. Das bekommt er nun auf Heller und Pfennig wieder. Es ist ein sauberes, reelles Geschäft, und man versteht eigentlich nicht, weshalb die Regierung vor fünfzig Jahren plötzlich mit scharfen Strafen gegen diese Gebehochzeiten vorging. Die Polizei wurde angewiesen, auf allen Hochzeiten nachzusehen, ob Geld gegeben wurde. Wenn nur ein einziger Gast festgestellt wurde, bekamen der Wirt, das Brautpaar und alle Teilnehmer Strafmandate. Aber die Leute verrieten sich nicht.

Ein Polizist kam mal auf einen Meierhof, weil er wußte, daß die Frau auf einer Hochzeit gewesen war und immer zehn Mark als Geschenk gab. Er sagte ihr sehr diplomatisch, man rede davon, sie hätte dem Brautpaar ein falsches Fünfmarkstück gegeben. Das war zuviel für die Meerske, das konnte sie nicht auf sich sitzen lassen, und ohne Überlegung rief sie, sie hätte überhaupt kein Silbergeld, sondern zehn Mark in Gold gegeben. Das war genug, um alle Gäste zu bestrafen.

Paoskfüer

Paoskfüer sind Osterfeuer, aber man sollte alten Bräuchen keine neuen Namen geben. Osterfeuer steht im Duden und Lexikon, Paoskfüer steckt dagegen voll Heimatduft und Kinderfreude. Wenn wir in der Jugend am Gründonnerstag trockenes Dornengestrüpp und wertlose Heckenbraken zum Paoskfüer zusammentrugen, warteten wir zwischendurch immer wieder auf den großen Augenblick, wo die drei Kirchenglocken durch die Schallöcher des Turmes auf und davon nach Rom flogen, und am Karsamstag erwarteten wir genau so sehnsüchtig ihre Rückkehr von der Romreise. Wir haben sie nie gesehen, aber wir glaubten so fest an die Glockenfahrt wie an Nikolaus, das Christkindchen und den Klapperstorch.

Der alten Jürken, der über dreißig Jahre unser Knecht und mit der Familie ganz verwachsen war, der die Paradiesäpfel von seinem Weihnachtsteller niemals aß, sondern mit Zwirnsfäden an die Deckenbalken seiner Kammer hängte, bis sie faul herabfielen, der alte Jürken brachte am Karsamstag noch zwei oder drei große Fuder Abfallholz aus dem Tienenbusch heran und schichtete dann ein Paoskfüer auf, das sich sehen lassen konnte und am Osterabend für alle Dorfbewohner die größte Anziehungskraft hatte. Es wurde auch nicht mit Streichhölzern angezündet, sondern mit zwei alten „Kattenköppen" oder „Böllern" in Brand geschossen. Das war stets ein besonders feierlicher Augenblick, und dazu gab es für alle Männer die erste Runde Schnaps, das Liter zu sechzig Pfennig.

Lohmanns Therro krähte dann wie ein Hahn, so natürlich, so laut und selbstbewußt, als wenn er für alle Ostereier verantwortlich wäre. Dann aber intonierten drei oder vier Ziehharmonikas das alte Osterlied, und hundert Zuschauer sangen „Das Grab ist leer" so breit und wuchtig wie die gleichlautenden Anfangsakkorde der Tannhäuser-Ouvertüre. Die Flammen züngelten inzwischen an dem Holzstoß empor, loderten schaurig-schön fast haushoch, sprühten Funken und beleuchteten die singende Volksmenge. Hinter Kleimanns Hecke donnerten die Kattenköppe, Raketen zischten in die Luft und zersprangen hoch oben mit Knall und bunten Lichtern. Uns Kindern aber rieselten die Schauer herrlicher Ergriffenheit immer wieder wie eine Gänsehaut über den Rücken. Wer das erlebt hat, kann es nie vergessen und auch niemals Osterfeuer nennen. Nur plattdeutsch Paoskfüer! (Paosk = Passah = Ostern. Zum Paoskfüer gehörten die Paoskegger. Vor mehr als 1100 Jahren wurden die Osterfeuer der Germanen, die sie ihrer Frühlingsgöttin Ostara darbrachten, christianisiert.)

Wenn das Feuer halb niedergebrannt war und die Leute die bekanntesten Osterlieder gesungen hatten, etwa nach der vierten wärmenden Runde, wurden die Männer gesprächiger, und die Frauen gingen zum Dorfklatsch über. Der alte Papa Kroll erzählte Lebenserinnerungen. Er war angeblich überall gewesen, und wo er nicht gewesen war, darüber wußte er am meisten. „Up'n Sandbuoden", erzählte er, „so richtig up'n lichten Sanne, dao häfft se Bauckwäiten staohn, dat is einfach 'n Jammer! So hauge!" — er zeigte etwa die Hälfte seines kleinen Fingers — „De Immen mött sick up de Knäie leggen, dat se män dran könnt."

„Karl, laot de Pulle nich fallen!" brüllte er den alten Höwekamp an, „wann 'ne Schnapspulle kaputt geiht un outflütt, dat is laiger, as wenn 'n aolt Hous affbrännt! As ick in Strombiärg was, dao konn ick to Austern buten up de Höchte wull dousend Paoskfüers tellen tüsken Langenbiärg un Biäckem un bis ächten in't Souerland. Un as ick aobends nao Hous kam, dao hä ick baolle 'n Inbriäker dautslagen. De Kerl was up de Diäle bi de Hauhnernester. Ick kräig mi faots 'n dicke Wagenrunge, aower de Smachtlapp gonk stiften. An de Niggendüer wull he partuh dür dat Hauhnerlock. Ick wull em nao jüst einen up'n Äs timmern, dao ha he sick all derdürquettet."

„Wu hät di dat denn in'n Krieg siemsig—eenunsiemsig gaohn, Kroll?" fragte der alte Wonnemann. „Och, dao häff ick 'n Sonderkommando hat. Ick ha dao so 'n Indianer — doch, sieker! — es was 'n richtigen Indianer, so broun äs Koffibauhnen, also den häff ick twei met de Flinte üöwer sienen Dickkopp trocken, dat de Flintenlaup ganz schäif stonn. Ick wull'n wier geradebäigen, dao segg de Hauptmann: „Lassen Sie das, Kroll, Sie können damit um die Ecke schießen. Drüben hinter dem Hause steht ein Franzose, dem geben Sie mal Saures!" Ick häff dann met de krumme Flinte üm de Ecke schuotten, un glieks nao den ersten Schuß fong de Franzause all harre an to bölken."

„Bi us in de Kompanie was 'n lippischen Küötter, Junge, de konn sick villichte behölpen. De konn out 'n Mouseküttel 'n Kotlett maken." — „Häste dat auck probeert, Kroll?" — „Aowatt, de Kerl gaff der je nix von aff!"

Das Paoskfüer war unterdessen fast niedergebrannt. Der alte Jürken harkte die Glut zusammen, die Kinder rannten durch Dampf und Funkenregen, die älteren Buben sprangen über das niedrig gewordene Feuer, und die Mädchen kreischten vor Begeisterung. Vor der Hecke wurde zum Abschluß bengalisches Licht angezündet, das alles dunkelrot beleuchtete, auch die abseits stehende mächtige Eiche, die nun phantastisch aus der Finsternis hervortrat. Mit den Kattenköppen wurde das letzte Pulver verschossen, dann gingen die Frauen und Kinder nach Hause und die Männer zum Abendschoppen ins Dorf. Die vier Runden beim Paoskfüer hatten den Durst nicht gestillt, sondern nur geschärft.

Ein Klub guter Freunde hatte sich im Gasthaus zur Post in einem Einkochkessel eine gehaltvolle Osterbowle aus zwei Dutzend Eiern und acht Flaschen Wein zusammengebraut. Das Ganze wurde mit dem nötigen Zucker und etwas Zitrone auf dem Herd schaumig geschlagen und heiß getrunken. Es schmeckte fabelhaft und war sehr nahrhaft. Aber die meisten hatten über Tag schon viel zu viele Ostereier gegessen.

Dann wurden alte Geschichten aufgewärmt. Bei Haselkamps war vor zwei Jahren ein mächtiges Paoskfüer in Brand gesetzt worden. Als die dem Wind zugekehrte Seite hell loderte, stach man mit langen Forken in die andere Hälfte, um alles herüberzukippen und dem Feuer neue Nahrung zu geben. Da sprangen plötzlich zwei Hasen aus dem Holzhaufen, die sich bis dahin immer weiter vor der Hitze gerettet hatten und nun flüchten mußten. Sie liefen vor der dichten Menschenmauer immer im Kreis um das Feuer herum und alle Kinder hinterdrein mit lautem Geschrei: „Oh, der Osterhase, der Osterhase!"

Der Förster Wälke hatte vor einigen Jahren früh morgens, noch vor dem Frühstück, zehn bunte Ostereier im Garten versteckt. Die kleinen Kinder sollten nichts davon merken. Aber als nach dem Frühstück das Suchen begann, da war nichts zu finden. Selbst der Förster, der doch als Vertreter des Osterhasen Bescheid wissen mußte, fand nur in einer abgelegenen Ecke rote, blaue und grüne Eierschalen. Die beiden Dackel hatten seine Spur verfolgt und alle Eier gefunden und aufgefressen.

Beim Wirt Meintrup in der Wiese am Pagenkamp brannte das Paoskfüer schon am Karsamstag kurz nach Mittag. Die Dorfkinder hatten es etwas frühzeitig angezündet, und außerdem war es gar kein Paoskfüer. Es waren über fünfzig gute, trockene Buschen, die herrlich brannten. Aber Meintrup war kein Unmensch. „Wäg is wäg!" sagte er nur, „hoffentlich häff de Blagen Spaß genaug dran hat!" Ja, das hatten sie wirklich, ich weiß es, denn ich war auch dabei!

Am Herdfeuer

Herdfeuer gibt es eigentlich nur noch in Museen, in einigen ländlichen Wirtschaften und in ganz feinen Häusern, wo sie aber so elegant und kostbar sind, daß sie „Kamin“ heißen und nur zum Staubwischen dienen. Sie passen auch gar nicht zu den Bewohnern, die weder Zeit noch Lust haben, stundenlang im Kreis herumzusitzen, ins Feuer zu sehen, ab und zu in die Glut zu spucken und mit ruhigem Behagen Döhnkes zu erzählen.

Auch in den meisten Bauernhäusern hat man keine Ruhe mehr zu gemütlichen Plaudereien und ungestörtem Beisammensein. Die alten Herdfeuer nehmen auch zuviel Raum weg, verbrauchen eine Menge Holz und lassen trotzdem den Rücken kalt. Früher hatte der Hausherr meistens seinen Platz in der Mitte, sein unverheirateter Bruder saß als „Oehm an de Müer“ an der Feuerwand, legte Brennholz nach und blies mit dem Pusterohr ab und zu in die Glut.

Onkel Joseph saß als Besuch neben dem Bauern und hatte sein Patenkind, das zwölfjährige Jöppken, zwischen den Knien. „Wat treckt de Junge de Niäse so hauge?“ fragte er die Hausfrau. „Is de Bengel so stolt worn?“ Nein, stolz sei Jöppken durchaus nicht, entgegnete die Mutter etwas verlegen, aber er habe einen neuen Anzug bekommen, und der sei aus einem abgelegten Rock und einer alten Hose von Onkel August geschneidert worden. „Nu sitt em dat Aechterveerdel von de aolle Büxe jüst unner de Niäse, un dat is he nao nich gewuhnt.“

„Ach so, nu kann ick dat verstaohn“, meinte Onkel Joseph, „man mott bloß fraogen, dann wät'm wat gewahr.“ — Er sei neulich bei einem Vetter gewesen, „ach, den kennste doch, Meggers Konrad, de sick met de Arbeit so gut behölpen kann. Arbeit mott sien, segg he, ennige mött se dauhn, un ennige mött taukieken!“

Zu den Zuschauern rechnet sich Meiers Konrad seit früher Jugend. Als Onkel Joseph ihn besuchte, saß er tieftraurig im Sessel hinter dem Ofen und weinte beinahe vor Herzeleid. „Ach, miene Frau is nu all dräi Dage an' Holtschlaohen, se mott sick nao dautquiällen, dat arme Dier! Aower wat is to maken, wat is to maken? Ick sin't je nich gewuhnt!“

„De Frau is je unwies, dat se sick dat gefallen lött“, meint die Hausfrau, und der Schulte sagt: „So sind de Fraulüe auck lange nich alle!“ Er hätte doch einen entfernten Vetter, der sich auf einem Hof eingeheiratet und ein resolutes Fegeblech von Frau erwischt habe. Vor lauter Arbeit sei er rappelmager und früh gealtert. Nach der Roggenernte sei er so elend gewesen, daß sie den Geistlichen mit den Sterbesakramenten bestellt hätten.

Aber der Alte starb nicht. Er wurde zwar auch nicht ganz gesund, aber immer, wenn er mal ein kräftiges Hühnersüppchen bekommen hatte, rappelte er sich wieder auf und machte für einige Stunden ein ganz zufriedenes Gesicht. Am andern Tage war er wieder desto elender.

Die Frau hatte eigentlich schon mit seinem Tode gerechnet, und da sie gerade Sauerkraut einmachen wollte, sagte sie ungeduldig: „Mann, nu stell di nich so quitterig an wiägen dat bittken Stiärben. Quängele nich so herüm, entweder liäben odder stiärben, ick mott wieten, wieviel Suermaus wi inmaken mött."

„Mein Gott, wat 'ne Ruggebrake!" rief die Hausfrau empört.

Onkel August, der „Oehm an de Müer", nahm den Püster und blies so heftig in die Glut, daß die Funken stoben. Dann stand er schwerfällig auf, ging zu dem dicken Eichenständer neben der Deelentür und scheuerte dort seinen Rücken. Dieser wuchtige Pfahl hieß deshalb der „Juckepaohl" und war durch die häufige Benutzung so glatt wie poliert. „Nich hieraoten is biätter", sagte der Oehm und setzte sich wieder auf seinen Stammplatz.

„August, wat härs du auk wull met 'ne Frau anfangen sollen?" meinte der Hausherr, „du häs dien Iätten up'n Disch staohn, du häs dienen warmen Platz an de Müer, un wann di de Rüggestrank weih döht, geihste an den Juckepaohl!" Auch Onkel Joseph meinte, solch ein Juckepaohl sei oft besser als 'ne Frau, und er erzählte vom alten Brinkstoffel, der eines Tages zum Doktor ging, weil er es nicht mehr aushalten konnte.

„Immer düt Stiäcken un Kratzen den ganzen Rüggen hendahl, dat kann je kien Rüe outhollen, Här Dokter", jammerte er. „Se mött es naokieken, off dao nix to maken is, süss will ick je läiwer stiärben es dat so egalwäg metmaken."

„Wie lange haben Sie das denn schon?" fragte der Doktor. „Jä, wu lange häff ick dat all? Dräi Wiäcken söllt der wull so met hengaohn sien. Waochte es, gistern vör dräi Wiäcken hät use Lisa 'n Kalw kriegen, dao däh mi de Rüggestrank all wäih. Ick kann je nich mähr liggen! Watt häff ick all upstellt! Täi häff ick drunken in verschiedene Suorten, äine nao äösiger as de annere. Brr! Et wät mi nu nao schlächt, wann ick bloß dran denke. Nao'n Wunnerdokter sin ick met 'n Püllken vull Water west, aower 'n Schitt hät et holpen!"

„Machen Sie sich mal frei!“ sagte der Doktor. „Wat sall ick dauhn?“ fragte Stoffel ratlos. — „Ausziehen!“ kommandierte der Arzt ärgerlich. Da zog der alte Brinkstoffel seinen abgetragenen Mantel aus und sah erwartungsvoll den Doktor an. „Weiter ausziehen!“, rief dieser, „ich kann Sie doch nicht untersuchen, wenn Sie derartig eingepackt sind. Nun mal voran!“

Stoffel nickte und zog den Rock aus. Das Ärmelfutter ging dabei in die Brüche. Dann folgte die hochgeschlossene Weste, dann eine gestrickte Ärmelweste, dann eine wollene Unterjacke, dann noch so was Ähnliches. „Mensch, was haben Sie da denn alles angezogen?“ lachte der Doktor. „Sie brauchen ja morgens 'ne halbe Stunde, um das alles anzuziehen!“

„Oh, dat is nich so wichtig“, beruhigte ihn der alte Stoffel, „dat treck ick je nich ümmers out! Wiäckeldags ganz sieker nich, un wann't so kaolt is, sunndags auck nich. Siet dräi Wiäcken häff ick mi wiägen de Piene met de ganze Montur in't Bedde leggt!“ — „Nun zieh'n Sie mal rasch das Hemd aus!“ unterbrach ihn der Doktor.

„Wat? Mien Hiemd sall ick outtrecken?“ fragte Stoffel ganz entgeistert. „Natürlich! Wie soll ich Sie sonst untersuchen?“ lachte der Arzt, dem die Sache allmählich Spaß machte. Als der Alte das Hemd auszog, polterte ein Gegenstand auf den Fußboden, eine flache, harte Bürste. „Nu süh doch äiner an!“, schrie Brinkstoffel ganz begeistert, „siet dräi Wiäcken häfft wi se verluorn, un ick häff se de ganze Tied up'n Puckel hat. Mine Aollske hät mi daomet den Rüggen büörsselt, und dao hät de dumme Gaus se dao liggen laoten!“ — Ja, bei so einem richtigen Hausputz findet sich allerlei Verlorenes wieder!